성경에서 배우는 재정

성경에서 배우는 재정

이 창 규 지음

한들출판사

머리말

재정으로부터 자유로워지기 위하여

재정은 우리가 이 세상을 살아가는 데 매우 중요하다.

우리가 먹고 입고 생활하는 모든 것이 재정과 관련되어 있기 때문에, 재물과 인간의 삶을 나누어 생각할 수 없다.

대부분의 범죄가 돈과 관련되어 있으며, 돈 때문에 고통당하고 이혼하며 자살하는 등의 사회적 문제가 발생할 뿐 아니라, 건강, 가정, 친구, 믿음과 영생까지 잃어버리게 된다. 또한 많은 교회와 성도, 그리고 사역자들 역시 재정 문제로부터 자유롭지 못한 것이 현실이다.

프랑스의 신학자 자크 엘륄*Jacques Ellul*은 "모든 사람은 돈 앞에 선다. 돈은 아무도 피하려야 피할 수 없고 누구든지 자신의 삶과 신앙을 설명하기 위해서는 돈 앞에 서야 한다"고 이야기하고 있다.

그러나 이렇게 중요한 재정에 비해서, 우리는 재정에 대해 제대로 된 교육을 하지 못한 것이 사실이다. 이러한 이유 때문에 재정을 잘 모르고, 또 잘 모르기 때문에 돈에 지배당하는 어려움을 겪고 있는 것이 현실이다.

성경은 근본적으로 신이신 하나님 앞에 인간이 어떻게 살아야 하는지를 가르친다. 그렇기 때문에 성경에는 사람들의 살아가는 모습이 그대로 담겨 있다. 인간의 삶 가운데 재물은 어느 시대에서나 필수적이었기 때문에 성경은 많은 부분을 할애하여 기록하고 있다. 성경에서 이야기하는 재정을 잘 배우고 또 이 가르침을 실천하면, 돈으로 인한 고통과 인생의 낭비를 줄일 수 있으며 귀중한 인생을 허비하지 않고, 하나님이 원하시는 삶을 살아갈 수 있다.

예수님께서도 "재물과 하나님을 겸하여 섬길 수 없다"고 단호하게 말씀하셨다. 우리는 누구를 섬기고 있는가? 하나님께서는 재정적인 영역에서 자유롭지 못하다면 하나님을 잘 섬기는 것이 어렵다고 말씀하신다. 재정이 무너지면 하나님과의 관계도 깨어질 수밖에 없다. 교회 안에서 안타까운 것은 믿음이 좋은 성도들도 재정적인 문제로 힘들어하고 이것 때문에 넘어지는 것을 자주 본다. 왜 그런가?

돈이란 단순히 '가치중립적'인 교환 지불 수단이 아닌 '영적 영역이'기 때문이다. 돈은 맘몬이라는 우상이기 때문에 치열한 영적 싸움이 있어야 하는 부분이다. 그러므로 하나님께서 말씀하신 재정적인 영역들을 잘 배워, 돈의 종으로 살아가는 인생이 아니라 맘몬을 지배하는 삶이 될 수 있기를 소망한다.

재정적인 부분에서 자유로워진다면 우리는 하나님을 더욱 잘 섬길 수 있으며, 하나님께 영광을 돌리는 일이 더 많아질 것이다.

서문

성경적 관점에서의 재정

이 책에서 중요한 것은 하나님의 관점에서 재정 영역을 바라보는 것이다. 자기 중심적으로 재물을 바라보던 지금까지의 방식을 내려놓는 것이다. 무엇보다 돈에 대한 올바른 성경적 가치관을 확립하는 것이 중요하다. 재정을 바라보는 관점(view point)에 따라 생각과 행동이 달라지는 것은 당연하다.

관점에는 틀(frame)이 필요한데 이 틀이 바로 성경이다. 이 책은 돈과 재물 그리고 재정을 성경적 관점으로 보고 그대로 행하기 위한 것이다.

요한계시록 3장에서는 서머나교회가 환난과 궁핍한 상태에 있었으나 실상은 네가 부요한 자라고 말씀하셨다. 이와 반대로 "나는 부자라 부요하여 부족한 것이 없다"고 하는 라오디게아교회는 "곤고한 것과 가련한 것과 가난한 것과 눈 먼 것과 벌거벗은 것을 알지 못한다"고 책망하셨다. 부에 대한 하나님의 관점은 완전히 다르다. 그러므로 우리는 세상의 재정 원리가 아니라 하나님이 일하시는 재정 시스템을 바로 알고 실천할 수 있어야 한다.

이 책을 다 읽은 후에는 하나님께서 말씀하시는 재정관에 대한 눈이 열리길 희망한다. 재정에 대한 관점이 바뀌어지면, 재정 이외의 다른 영역에서도 '치유'와 '회복'과 '평안'이 임하게 될 것이다. 그만큼 재정의 영향력이 크기 때문이다.

인간은 저마다 돈과 관련하여 처해 있는 상황이 다르지만, 우리는 이 땅에서 하나님이 주신 재물에 대한 청지기로 살아간다는 점을 한시라도 잊지 않기를 바란다.

"재물의 주인은 내가 아니라 하나님이시라는 사고방식의 변화이다."

하나님은 재물에 대한 공급자이시다. 하나님께서 우리에게 재물을 공급해 주시는 이유는 쌓아 놓으라는 뜻이 아니라, 나누는 삶에 있다는 것을 깨닫기 바란다. 그럴 때에 우리는 '주라!'는 하나님의 명령에 순종하며 살아갈 수 있을 것이다.

우리는 이 땅에서 살아가면서도 죽음을 잘 인식하지 못한다. 그러나 죽음은 누구도 피할 수 없는 일이고, 죽은 후에는 반드시 깨닫게 될 일이 있다. 내가 사랑했던 집이나 차와 한 푼의 돈도 죽음과 함께 가져 올 수 없다는 것을, 그리고 어려운 이웃에게 냉수 한 그릇이나 따뜻한 말 한마디로 용기를 주었던 일들이 하늘에 상급으로 쌓여 있다는 사실을 알게 될 것이다.

"우리가 세상에 아무 것도 가지고 온 것이 없으매 또한 아무 것도 가지고 가지 못하리니"라고 성경이 이야기 하듯이, 부의 축적이 중요한 것이 아니라 그 부를 어떻게 사용했느냐에 대해 결산할 때가 반드시 온다는 것을 명심하자!

무엇보다 중요한 것은 아는 데에서 그치는 것이 아니라 생활 속에서 실천하는 것이 가장 중요하다. 이렇게 할 수 있는 한 가지 방법을 제시하면 구역이나 셀 예배에서 재정적인 부분에 대한 나눔을 하는 것이다. 이 책이 그렇게 사용되기를 바란다.

아무쪼록 이 책을 읽는 모든 성도들이 재정의 청지기로, 그리고 자유자로 살아가는 데 도움이 되기를 진심으로 기원한다.

우리 모두에게 재정에서 희년의 자유가 선포되는 은혜의 해가 임하길 소망한다.

2021년 7월 서재에서 I 이 창 규

차례

목적

재정적인 영역에서 하나님을 영화롭게 하며
영원토록 즐거워하는 삶을 위하여

목표

1. 하나님의 재정 원리를 깨달아 삶에 적용하고 실천한다.
2. 물질로 지은 죄를 회개한다.
3. 우리의 모든 소유와 재물은 하나님이 주인이심을 고백한다.
4. 하나님이 우리에게 맡기신 모든 것에 대한 청지기적 사명을 완수한다.
5. 부채를 청산하고 돈의 노예가 아닌 주인의 삶을 회복한다.
6. 가정과 지역을 물질적 가난으로부터 구제한다.
7. 올바른 재정 관리로 하나님의 나라를 확장한다.
8. 하나님의 뜻을 따르는 재정생활로 신앙의 성장과 성숙을 이루어 간다.

원칙

1. 세상적인 재정 원리가 아니라 하나님의 말씀이 중심 원리가 된다.
2. 기도로 시작하고 기도로 끝을 맺는다.
3. 강의 진행은 하나님의 말씀을 먼저 나누고 실습 및 나눔으로 진행한다.
4. 강의는 자유롭게 질문하고 서로 토론할 수 있다.
5. 재테크나 번영만 강조하는 강의가 되지 않게 한다.
6. 내가 하고 싶은 이야기가 아닌 하나님이 들려주고 싶어 하시는 강의를 한다.

의무

1. 하나님의 말씀 앞에 순종해야 한다.
2. 성경을 가지고 강의에 참석해야 한다.
3. 말씀을 암송하고 과제를 제출해야 한다.
4. 쉬지 말고 이 강의를 위해 다른 참가자들을 위한 중보기도를 한다.
5. 말씀에 따라 지속적으로 실천하는 삶을 산다.
6. 재정적 원리를 서로 나누고 전파한다.

LETZEBUERG
SLOVENSKO

제1강

성경적 재정이란 무엇인가?

한 사람이 두 주인을 섬기지 못할 것이니
혹 이를 미워하고 저를 사랑하거나
혹 이를 중히 여기고 저를 경히 여김이라
너희가 하나님과 재물을 겸하여 섬기지 못하느니라
(마 6:24)

01

성경과 돈

성경의 2,350 구절에 해당하는 약 10%가 돈에 대한 주제이다. 예수님은 하나님 나라 다음으로 돈 문제에 대해 언급하였으며, 예수님의 38개 비유 중에서 16개가 금전과 관련되어 있다.

그러므로 우리는 재물에 대한 하나님의 기준을 바로 알아야 하고, 그에 따라서 재물을 잘 관리해야 한다. 돈을 어떻게 다루느냐에 따라서 맘몬의 노예가 될 수 있기도 하고, 물질을 지배하며 살아갈 수도 있다. 재물 때문에 신앙의 기순이 흔들리고, 신앙생활의 기초가 위협받는다면 이는 불행한 일이다.

돈이 많으면 행복할까? 이에 대해 많은 사람들은 그렇다고 생각할 것이다. 그러면 부자는 모두 행복해야 한다. 그러나 현실은 그렇지 못하다. 돈은 편안함을 줄 수 있지만 진정으로 하나님이 주시는 평안인 '샬롬'을 주지는 못하기 때문이다.

성경은 우리가 재정에 대한 하나님의 관점을 가지고 살아가면, 돈이 많은 것과 관계없이 부유하고 행복한 삶을 살 수 있다고 가르친다. 이것은 소유 가치로써의 부가 아닌 존재 가치로써 잘사는 것을 이야기하고 있다. 부자는 돈이 많은 사람이지 잘사는 사람은 아니기 때문이다.

우리에게는 값으로 따질 수 없고, 돈으로 살 수 없는 구원과 천국과 사랑과 같은 소중한 가치들이 얼마든지 있다. 그동안 우리는 이러한 가치를 잃어버리고 살았다.

이제 성경적 재정관이 우리를 마음의 부자로 인도할 것이다.

재정에서 자유자로 살아갈 수 있다면 신앙생활에 기쁨이 넘치고 풍요로운 삶을 살 수 있을 것이다. 이는 결국 재물의 영역에서 승리했음을 말해준다. 그러므로 재물에 대해 자유자로 살아갈 수 있는 방법에 대해 살펴본다.

성경과 재물

1) 하나님과 재물을 겸하여 섬길 수 없다

조금만 틈을 주면 우리 삶 속으로 깊숙이 파고드는 재물의 우상과 돈의 위험성을 경고하고 있다. 돈은 끊임없이 우리를 '노예'로 만들려는 시도를 하기 때문에 재물의 주인이 하나님임을 인정하고 하나님의 뜻대로 사용해야 한다.

2) 재물이 있는 곳에 마음이 있다

네 보물 있는 그 곳에는 네 마음도 있느니라(마 6:21).

우리의 마음이 재물에 너무 집착해 있다면 재물과 함께 마음도 무너질 것이다. 이는 우리 마음속에 재물이 차지하는 비중이 매우 크다는 것을 말하는 것이다. 또한 돈이 어떻게 사용되는지를 살펴보면 그 사람의 마음이 어디에 있는지도 알 수 있다고 예수님이 말씀하셨다.

마음속에 숨어 있는 돈의 우상을 무너뜨리고 하나님만을 섬겨야 한다.

3) 돈을 사랑함이 일만 악의 뿌리이다

돈을 사랑함이 일만 악의 뿌리가 되나니 이것을 탐내는 자들은 미혹을 받아 믿음에서 떠나 많은 근심으로써 자기를 찔렀도다(딤전 6:10).

돈 자체는 선이나 악이 아니다. 돈은 수단이지 목적이 아닌데 돈 버는 것을 목적으로 살아간다면, 그에게 돈이란 '일만 악의 뿌리'가 된다. 그리스도인에게 문제는 돈 자체가 아니라 이 돈을 사랑하는 마음이다. 이는 하나님과의 관계를 갈라놓기 때문이다.

돈에 끌려 다니지 않으면 일만 가지 악이 사라진다. 일만 악에서 승리하기를 원한다면 일만 악의 뿌리가 되는 돈의 신, 즉 '맘몬'을 무너뜨려야 한다.

4) 하나님 사랑과 이웃 사랑

기독교인들이 돈을 벌어야 하는 이유는 하나님의 뜻에 따라 잘 사용하고 나누며 베풀기 위해서다.

5) 하나님께 재물의 통제권을 드린다

하나님이 재물에 대한 통제권을 원하시는 이유는, 그래야만 우리가 재정에 대해 바른 결정을 내릴 수 있으며 재정 생활이 풍성해지기 때문이다.

성경의 부

1) 부는 하나님이 주시는 것이고 하나님께 속한 것이다

그러나 내 힘으로 내가 노력해서 재물을 모은 것으로 생각될 때 하나님을 기억하라고 하신다.

> 네 하나님 여호와를 기억하라 그가 네게 재물 얻을 능력을 주셨음이라 이같이 하심은 네 조상들에게 맹세하신 언약을 오늘과 같이 이루려 하심이니라(신 8:18).

2) 부와 재물을 얻는 방법

① 겸손하게 하나님을 경외함

겸손과 여호와를 경외함의 보상은 재물과 영광과 생명이니라(잠 22:4).

② 근면

손을 게으르게 놀리는 자는 가난하게 되고 손이 부지런한 자는 부하게 되느니라(잠 10:4).

③ 부모를 공경

2 네 아버지와 어머니를 공경하라 이것은 약속이 있는 첫 계명이니 3 이로써 네가 잘되고 땅에서 장수하리라(엡 6:2-3).

④ 가난한 사람에게 나누어 주는 것은 재물을 얻는 필수

가난한 자를 불쌍히 여기는 것은 여호와께 꾸어 드리는 것이니 그의 선행을 그에게 갚아 주시리라(잠 19:17).

구약의 부

하나님은 만물의 주인이시다(신 10:14; 시 24:1; 대상 29:11-12). 부는 하나님의 주권 아래 있기 때문에 주인답게 부를 처분하신다.

> 하늘과 모든 하늘의 하늘과 땅과 그 위의 만물은 본래 네 하나님 여호와께 속한 것이로되(신 10:14).

> 11 여호와여 위대하심과 권능과 영광과 승리와 위엄이 다 주께 속하였사오니 천지에 있는 것이 다 주의 것이로소이다 여호와여 주권도 주께 속하였사오니 주는 높으사 만물의 머리이심이니이다.

12 부와 귀가 주께로 말미암고 또 주는 만물의 주재가 되사 손에 권세와 능력이 있사오니 모든 사람을 크게 하심과 강하게 하심이 주의 손에 있나이다(대상 29:11-12).

구약성경에는 재물에 관한 내용들이 하나님의 축복과 관련되어 나타난다. 신명기적 사고는 하나님의 말씀에 순종하고 그 말씀대로 삶을 사는 자에게 집안 대대로 부요와 재물이 따를 것이라고 이야기한다.

부는 하나님의 선물이며 축복의 징표이고 공동체를 위한 복이다. 하나님은 재물이 약자의 편에서 의롭게 쓰이길 원하신다. 그러나 인간의 탐욕은 재물을 쌓아두고 가난한 자들을 외면했다. 그러므로 하나님께서는 선지자들을 통해 재물에 대해 늘 경고하셨다.

신약의 부

1) 예수님이 말씀하신 영적인 복

예수님은 세상의 재물보다 하늘의 신령한 복에 대해 말씀하셨고, 사도들은 재물을 가난한 자들에게 하나님의 사랑을 실천하는 방편으로 사용하였다. 요한계시록 21장은 새 하늘과 새 땅에서 누리게 될 풍요로움을 이야기하고 있다.

5 보좌에 앉으신 이가 이르시되 보라 내가 만물을 새롭게 하노라 하시고 또 이르시
되 이 말은 신실하고 참되니 기록하라 하시고 6 또 내게 말씀하시되 이루었도다 나
는 알파와 오메가요 처음과 마지막이라 내가 생명수 샘물을 목마른 자에게 값없이
주리니 7 이기는 자는 이것들을 상속으로 받으리라 나는 그의 하나님이 되고 그는
내 아들이 되리라(계 21:5-7).

하나님께서 주시는 복은 부의 형태로 주어지는 것이 아니라, 예수 그리스도의 구

원이라는 은혜 안에 포함된 부수적인 징표이고, 예수 그리스도를 소유한 자는 이미 영적으로 그리고 '샬롬'의 복을 누리는 부자이다. 예수님은 부 이전에 인간에 대한 관심을 가지고 계셨으며, 정당한 방법으로 돈을 벌고 사치하지 않으며, 부를 사회의 필요한 곳에 사용하는 자는 바늘구멍을 통과한 부자로 보셨다.

2) 예수님의 재물관

예수님은 당시에 부유한 사람들을 질타하셨다. 이유는 그들의 부가 노동의 대가로 일군 것이 아닌 '착취'와 '억압'에 의한 것이었기 때문이며, 종교 지도자들이 예수님의 말씀을 받아들일 수 없었던 이유도 돈에 대한 탐욕이 있었기 때문이다.

예수님은 재물 자체를 나쁜 것으로 여기지 않으셨고, 돈의 문제를 바르게 다루는 삭개오(눅 19:1-10)는 구원을 받지만 부자 청년(마 19:22)처럼 돈 문제를 해결하지 못하면 제자가 될 수 없었으며, 자기만을 위해 재물을 쌓는 어리석은 부자(눅 12:6-21)와 낭비(탕자의 비유)하거나 사치하는 자(부자와 나사로)를 비판하였다.

> 21 예수께서 이르시되 네가 온전하고자 할진대 가서 네 소유를 팔아 가난한 자들에게 주라 그리하면 하늘에서 보화가 네게 있으리라 그리고 와서 나를 따르라 하시니
> 22 그 청년이 재물이 많으므로 이 말씀을 듣고 근심하며 가니라(마 19:21-22).

삭개오와 부자 청년 비교

구분	삭개오	부자 청년
공통점	부자	부자
차이점	하나님의 계명을 지키지 않음 부의 착취, 죄인	모범적인 청년, 율법을 잘 지킴
	부를 나누고자 하는 실천의지	자기가 가진 부를 나누지 않음
결과	구원	구원받지 못함

3) 예수님의 부자에 대한 경고

예수님의 부자관은 가난한 이웃을 위해 자기 재산을 내어놓는 부자이고, 예수님이 세속적인 부자라고 생각한 사람은 인생의 목적이 오직 재물을 모으는데만 있는 사람으로, 하나님 나라에 들어갈 수 없다고 생각하셨다. 이것은 재물 그 자체에 소망을 두고 살아가는 사람들에게 경고하신 것이다.

재정에서 자유로울 때 주님의 참된 제자가 될 수 있다. 재물을 올바르게 나누는 삶을 살아가는 사람이 진정 그리스도의 제자이다. 예수님은 '머리 둘 곳도 없이' 사셨는데, 우리 주위에는 그리스도인이라고 말하면서 너무 많은 것은 가지고도 나누지 못하고 사는 사람들이 너무도 많이 있다. 또한 탐심을 가진 부자는 영혼이 파멸한다고 경고하셨다.

> 1 들으라 부한 자들아 너희에게 임할 고생으로 말미암아 울고 통곡하라 2 너희 재물은 썩었고 너희 옷은 좀먹었으며 3 너희 금과 은은 녹이 슬었으니 이 녹이 너희에게 증거가 되며 불 같이 너희 살을 먹으리라 너희가 말세에 재물을 쌓았도다(약 5:1-3).

성경의 가난

가난은 성경 시대에도 여전히 존재했으며, 사람들뿐만 아니라 하나님과 예수님의 주요 관심사 중의 하나였다.

성경에서 가난은 여러 가지 형태로 등장한다. 신명기에서는 '불순종으로 인한 저주'로, 잠언에서는 '게으름', '방탕한 생활'(잠 6:10-11) 그리고 '잘못된 선택', '불합리한 사회제도' 때문이다. 그런가 하면 가난은 축복의 또 다른 모습이 되기 때문에 가난을 좋은 것과 나쁜 것으로 단정지어 이야기할 수 없으며, 부자라고 모두 악인이 아니고, 가난하다고 모두 선인도 아닌 것이다.

> 10 좀더 자자, 좀더 졸자, 손을 모으고 좀더 누워 있자 하면 11 네 빈궁이 강도 같이 오며 네 곤핍이 군사 같이 이르리라(잠 6:10-11).

그런가 하면 하나님은 가난한 자를 택하신다고 하셨다. 이는 인간과 가난과 부에 대한 관점이 완전히 다르다는 것을 알 수 있다.

> 내 사랑하는 형제들아 들을찌어다 하나님이 세상에 대하여는 가난한 자를 택하사 믿음에 부요하게 하시고 또 자기를 사랑하는 자들에게 약속하신 나라를 유업으로 받게 아니하셨느냐(약2:5).

1) 가난의 부정적 측면

하나님은 인간이 풍요로운 생활을 하도록 창조하셨는데 가난은 창조 계획에 위배된다. 그러므로 불합리하고 공정하지 못한 사회구조 때문에 필연적으로 발생하는 가난은 이웃을 사랑하라는 하나님의 계명에 위배되는 것이다.

2) 가난의 긍정적 측면

가난을 결핍과 부족의 삶으로 보지 않고 하나님을 찾으며 부르짖는 삶을 통해 하나님을 만나고, 하나님과 올바른 관계를 맺으며 겸손하면서도 감사하는 삶을 살 수 있다면, 이는 하나님 없이 사는 부자들보다 축복된 삶이라 할 수 있다. 하나님 말씀대로 살았는데 가난하다는 것은 하늘에서 받을 상이 크다고 할 수 있다.

시편은 가난하지만 경건한 자들의 호소를 담은 기도로 가득 차 있다(시 10:12; 35:10; 69:33; 140:12).

> 여호와여 일어나옵소서 하나님이여 손을 드옵소서 가난한 자들을 잊지 마옵소서(시 10:12).

> 내 모든 뼈가 이르기를 여호와와 같은 이가 누구냐 그는 가난한 자를 그보다 강한 자에게서 건지시고 가난하고 궁핍한 자를 노략하는 자에게서 건지시는 이라 하리로다(시 35:10).

이스라엘 백성의 출애굽 여정에서 볼 수 있듯이 광야를 걷게 하시는 이유는, 기본적인 의식주가 해결되지 않는 광야의 가난을 통해, 하나님의 공급하심을 체험하고 하나님을 만나며 하나님만 의지하게 하려는 연단의 과정이라고 할 수 있다.

3) 산상수훈의 가난

산상수훈에서 마음이 가난한 사람은 복이 있나니라고 말할 때 가난(πτωχοί)은 헬라사회에서는 물질적인 가난을 의미하였다. 물질적으로 가난하고 사회적으로는 압박을 받음으로 아무런 힘도 없는 것을 가리키며, 자신의 권리를 보호해 줄 어떤 것도 갖지 못해 하나님만 신뢰하는 것을 의미한다. 마태가 '심령'이라는 말을 첨가한 것은 물질적으로 가난할 뿐만 아니라, 하나님만 전적으로 의지하며 의뢰하는 마음 상태를 나타낸 것이다. 따라서 산상수훈의 가난은 경제적, 사회적, 종교적 의미를 가지고 있다.

> 심령이 가난한 자는 복이 있나니 천국이 그들의 것임이요(마 5:3).

성경적 재물관

우리 사회는 부에 대해 잘못된 생각을 가지고 있다. 영적으로 경건한 사람은 가난하다거나 재물이 행복을 가져온다고 생각하기도 한다.

래리 버킷은 《돈 어떻게 쓸까요?》에서 세상 사람들의 부에 대한 잘못된 인식으로 세 가지를 이야기하고 있다.

첫째, 돈을 벌어야 성공한다는 생각으로 세상에서 두각을 나타내거나 힘을 과시하기 위해 돈이 있어야 한다는 것이다.

둘째, 부자만이 부자가 될 수 있다는 관점이다.

셋째, 정직하면 돈을 벌 수 없다고 생각한다. 그러나 성경은 아래와 같이 재물관을 제시한다.

1) 청빈론

깨끗한 부자, 그리고 가난하게 사는 것이 경건한 것이다. 영성적 가난을 추구하며 깨끗한 부자는 없다는 개념이지만 지나친 금욕주의에 빠질 위험성이 있다.

2) 청부론

부자가 되는 것을 부끄러워하지 말자. 당당히 부자 되기 위해 힘쓰고 떳떳하게 누려라. 가난 그 자체가 경건함이 아니다. 영성의 문제는 마음에 있지 물질적인 환경에 있는 것이 아니다. 돈은 하나님나라의 확장을 위해 사용되는 것이다.

그러나 기복주의(물질의 풍요와 복을 동일시) 신앙의 위험성이 높다.

3) 천부론

모든 것이 하나님의 것이고 하늘나라에 쌓는 부만이 진정한 부이다(영원한 것에 투자). 맘몬이 약속하는 것은 편안과 재미이지만 하나님께서는 하나님과 기쁨을 주시는 분이다. 결론적으로 재물은 하나님께서 우리에게 주신 '은사'와 '달란트'와 '선물'이다.

02

성경과 재정 강의의 필요성

인간은 하루 일과의 대부분을 재정과 관련된 일을 하며, 고민의 65%가 돈에 관련된 일이다. 재정은 하나님과의 관계에서도 지대한 영향을 미치고, 이 영역이 무너지면 삶과 신앙이 무너질 가능성이 크다. 오늘날 이혼 사유 중 70%가 재정 문제라는 사실을 안다면 재정 교육의 중요성을 실감할 것이다. 재정 관리 및 경제 활동에 대한 교육과 훈련 부족으로 개인은 물론 교회도 재정적인 어려움에 빠지게 된다. 재정에 대한 교육을 받을 기회가 없었기 때문에 신용 불량자를 양산하는 등 많은 문제가 발생하고 있다.

재정 교육의 목적은 재정의 문맹(Financial literacy)에서 탈피하여 재정이나 금융에 관한 지식을 성경적 관점에서 이해하고, 부를 현명하게 소유하면서 다루고 사용하는 지혜를 습득하기 위함이다.

내 백성이 지식이 없으므로 망하는도다(호 4:6).

그러므로 내 백성이 무지함으로 말미암아 사로잡힐 것이요 그들의 귀한 자는 굶주릴 것이요 무리는 목마를 것이라(사 5:13).

우리가 망하지 않고 사탄에 사로잡히지 않기 위해서는 재정에 대한 정확한 성경적 원리를 알아야 한다. 재정이란 세상적인 것이며 불필요한 것이라고 소홀히 한다면 이것이야말로 사탄의 속임이고, 결국은 돈이라는 맘몬에 지배당하게 될 것이다.

재정적 자유(Financial Freedom)

1) 예수님께서 우리를 속량(贖良)하심

예수님의 복음에는 죄에서 뿐만 아니라 가난으로부터 자유하게 되는 길을 제시하셨다.

> 그리스도께서 우리를 위하여 저주를 받은 바 되사 율법의 저주에서 우리를 속량하셨으니 기록된 바 나무에 달린 자마다 저주 아래에 있는 자라 하였음이라(갈 3:13).

2) 자유를 주시기 위해 오신 예수님

마음이 상한 자를 고치시며 눌린 자, 죄와 마귀에게 포로 된 자에게 자유를 주셨으며 병든 자를 고치시고 가난한 자에게 자유를 주셨다.

> 이는 그리스도 예수 안에서 아브라함의 복이 이방인에게 미치게 하고 또 우리로 하여금 믿음으로 말미암아 성령의 약속을 받게 하려 함이라(갈 3:14).

3) 재정적 자유를 누리기 위한 사항

단지 돈이 많은 것이 아니라 하나님이 원하는 삶을 계획하고, 소망하는 목표를 이루기 위해 돈을 잘 이용하고 관리하는 것이다.

① 마음이 가난한 자로서 하나님만 의지하며 탐욕에서 자유로운 삶
② 돈에 대한 하나님의 목적을 아는 것이다.
③ 돈의 노예가 아닌 하나님을 섬기는 것을 말한다.
④ 잘못된 재정 생활(습관)을 청산하는 것이다.
⑤ 빚지지 않고 보증서지 않는 삶이다.
⑥ 하나님과 이웃에게 드림과 나누는 삶이다.
⑦ 풍족하게 살 줄도 궁핍하게 살 줄도 아는 것이다.
⑧ 진정한 번영은 하나님께서 비롯된다는 것을 믿는 것이다.
⑨ 재정적 자유는 게으른 삶을 청산하고 근면하게 일하는 것이다.
⑩ 재정적 자유는 자손들에게 신앙의 유산을 물려주는 것이다.
⑪ 소비생활에서 사치하지 않고 자유로운 것이다.

결론적으로 그리스도인은 재물을 어떻게 보아야 하는지를 아는 것이 중요하지만 재물에 담겨 있는 하나님의 뜻을 아는 것은 더욱 중요하다. 성경이 재물에 대해 이야기하는 바를 분명하게 이해하지 못하면, 나도 모르는 사이에 맘몬을 섬기며 살아가게 된다. 예수님이 말씀하신 두 주인을 섬길 수 없다는 것은 분명한 사실이다. 그러므로 하나님만 섬겨야 한다.

예수 그리스도는 하늘의 부요를 가지신 분이다. 그리고 그분은 땅의 모든 것의 주인이시기도 하다.

또한 그리스도인들에게 재물을 사용하는 실천적 삶이 중요하다. 그리스도인의 재물에 대한 영적 수준이 자라나서 그리스도의 풍성함을 누리고, 재물이 가난한 이웃들에게 흘러가는 통로 역할을 온전히 감당해야 한다.

나눔 자료

1. 돈은 나에게 ______________________다. 그렇게 생각하는 이유는 무엇입니까?

2. 나의 현재 재정 상태는 어떻습니까? 좋다, 나쁘다로 답하고 그렇게 된 이유는 무엇이라고 생각하십니까?

3. 내가 생각하는 재정적 자유란 무엇입니까? 그리고 재정적 자유를 누리기 위해 오늘 어떤 노력을 하고 있습니까?

4. 내가 이루고 싶은 재정적 목표가 있습니까?

5. 여러분은 돈을 주로 어디에 사용하십니까? 지출 항목과 그 이유에 대해 서로 이야기를 나누어 봅시다.

6. 예수 그리스도를 소유한 자는 이미 부자라는 말에 동의하십니까? 서로 이 문제를 나누어 봅시다.

7. 내가 하나님으로부터 받은 복은 무엇입니까?

실천 과제 적용하기

나의 재정적 목적과 목표 작성

-
-
-
-

참고자료

❖ 재정(財政): 돈에 대한 여러 가지 일.

이 책에서는 돈과 재물의 개념을 포함하고 있음.

❖ 성경의 복(Bless)

인간이 소유한 유, 무형의 자산이고, 부요(Wealth) + 재물(Riches) + 돈(Money) + 영적인 복(하나님 나라의 백성이 되는 것).

1) 베라카: 하나님이 내리시는 복, 아브라함의 복(창 12:2; 신 28:2-3).
2) 아쉬레: 하나님이 창조하신 물질의 본질적인 가치를 누리는 것(행복의 개념) (시 1:1-3; 32:1; 112:1; 119:1-2, 7).
3) 바라크: 종교적 의미의 축복 하나님의 은혜(렘 17:7).
4) 토브: 행복과 번영을 의미(창 1:10; 30:20; 출 2:2).
5) 마카리오스(헬): 팔복의 복, 천국 소유의 기쁨(마 5:3-10). 구원의 복(롬 4:7).
6) 베이트: 가문에 준 축복, 생육, 번성은 부부 및 자녀 관계의 복(창 1:28).

이를 더 자세히 살펴보면

① 장수(신 5:16; 왕상 3:14; 시 21:3-4).
② 부자가 되는 것(신 28:11-12).
③ 귀한 신분(신 28:9-10).
④ 많은 자손(창 1:28).
⑤ 가계의 번영과 평안(시 21:6).
⑥ 전쟁의 승리(창 49:22-26; 민 24:17-18; 신 33:7).
⑦ 하나님의 능력(시 16:2; 애가 3:38).
⑧ 예물(창 33:11; 왕하 5:15).
⑨ 하나님을 찬양하는 것.
⑩ 하나님의 강림, 현존(신 2:7; 삼하 7:29).
⑪ 하나님 앞에 겸손히 무릎 꿇는 것(대하 6:13-14; 단 6:10).
⑫ 지혜와 명철을 얻는 것(잠 3:13, 18)
⑬ 하나님의 우리를 향한 구원 활동(시 18편; 렘 14:21)
⑭ 심판(신 19:13; 욥 5:17-20; 시 32:1)
⑮ 바라크(ברך)는 모든 복이 하나님께로부터 오는 복의 실체임을 말하는데 사용하였다.
⑯ 아쉬레(אשר)나 토브(כעב)는 후기의 세속적, 물질적인 복을 신약에서는 바라크(ברך)가 율로기아(ἐυλογία, 찬양)로, 아쉬레는 마카리오스(μακαρος, 복)로 표현.

❖ 구약에서의 가난

1) 에브: 물질적 의미의 가난(시 35:10; 70:5; 140:12).

2) 달: 사회적 약자(사 10:2; 암 8:6).

3) 라쉬: 정치적 경제적 약자인 하층민(잠 17:5)

4) 아니: 구약성경에서 가난에 대한 개념 중 가장 강한 상태로 억압받는 자의 의미이다. 모세오경에서 '아니'는 가난한 나그네 그리고 고아와 과부를 의미한다.

5) 프토코스(πτωχος): 절대적 가난을 의미한다.

6) 막쏘르: 게으르거나 방탕해서 온 가난(잠 6:11).

❖ 신약에서의 가난

1) 프토코스: 경제적 의미의 가난(눅 4:18).

2) 페네스: 먹고 살기 위해 일하는 저급한 노동자.

❖ 희년제도

7년마다 한 번씩 실시하는 안식년이 7번 지난 다음에 오는 해, 50년마다 한 번씩 재정적 자유를 준다.

억압된 사람에게 자유를 선포하며 노예나 종에게 자유를 주고 땅을 주인에게 돌려주고 쉬게 하는 제도

❖ Tetelestai(헬)

"다 이루었다"는 의미이며, 또한 이제 당신은 빚으로부터 자유자입니다라는 뜻도 있다.

❖ 비 기독교인들이 갖고 있는 교회에 대한 이미지(아이굿뉴스, 2018. 12. 12)

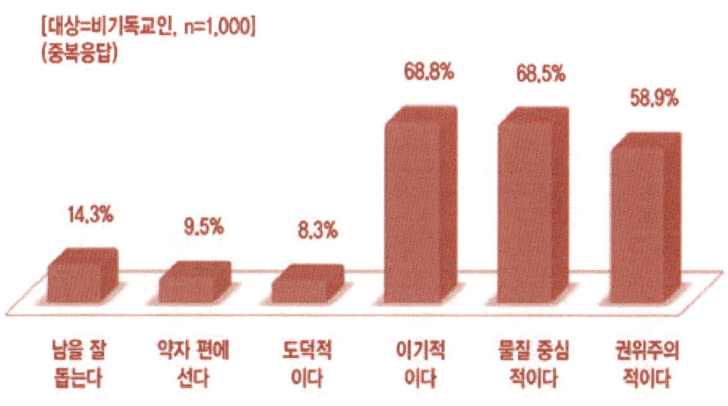

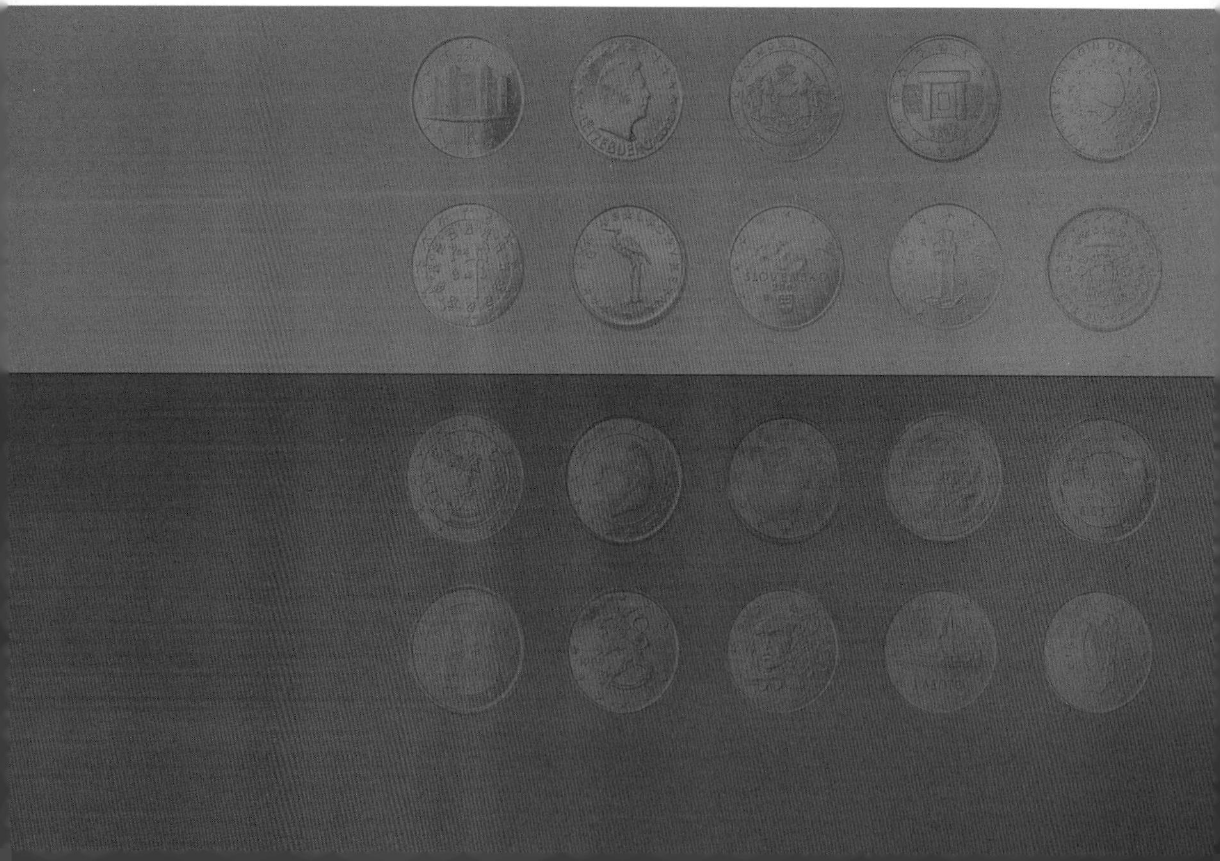

제2강

청지기로 사는 삶

너희가 만일
불의한 재물에도 충성하지 아니하면
누가 참된 것으로 너희에게 맡기겠느냐
(눅 16:11)

01

재물과 청지기

자신의 능력으로 돈을 벌었기 때문에 마음대로 사용해도 된다고 생각하는 것이 대부분의 주장이다. 자신이 일해서 번 돈이 땀 흘린 결과라고 생각하는 한 돈으로부터의 자유란 없다. 내가 열심히 일해서 번 돈이지만 내 돈이 아니라 하나님의 것이고, 나는 청기기일 뿐이라는 사고방식에 대한 변화가 있어야만 돈이 우리를 지배하지 못하게 될 것이다.

우리가 기억해야 할 것은 일을 할 수 있는 재능과 건강을 하나님이 주셨다고 인정하는 일이다. 하나님이 내 삶의 모든 원천이라고 인정해야 재정에 대한 약속이 이루어질 것이다. 우리 재정을 하나님께 맡기는 것은 하나님을 신뢰하는 것 중에서 가장 첫 번째 일이기 때문이다. 하나님을 인정하지 않을 때 재정에 대한 약속은 이루어질 수 없다.

세상 만물은 모두 하나님의 것이고 나는 다만 청지기로 부름 받은 존재일 뿐이라는 깨달음과 고백이 우선해야 한다. 이 고백 위에 청지기직을 바르게 감당하며 살아가는 것은 그리스도인의 중요한 삶의 영역이다.

우리가 이 땅에 사는 동안 하나님께서 맡겨 주신 것들이 있는데, 하나님의 뜻에 따라 부와 재물과 재능을 사용해야 한다. 우리는 잃어버린 청지기 본질을 회복하여 하나님께서 우리에게 주신 선한 청지기로서의 사명을 잘 감당해야 할 것이다. 그렇게 해서 '착하고 충성된 종'이라는 칭찬받을 날을 기대하며 살아 갈 때 분명히 재정의 영역에서 승리하는 인생이 될 것이다.

하나님께서 내게 맡기신 재물에 대해 후회하지 않으신다는 이야기를 들을 만큼 청지기로서의 삶을 우리는 살아가고 있는가?

청지기 개념

부가 행복에 직접적인 영향을 주는 요인은 아니라 하더라도 예수 그리스도의 청지기로서 재물을 정직하게 관리할 책임이 있다.

1) 청지기는 다른 사람의 부나 재산을 위탁받아 그것을 잘 관리할 책임을 맡은 사람이다.

2) 헬라어 Οἰκονομος(오이코노모스)는 맡은 자, 청지기를 말한다.

3) 청지기(Steward)는 우리말로 "창고를 맡은 자를 의미, 관리자, 재산 관리인, 위임받은 사람"을 말한다.

4) 천지를 만드신 분은 하나님이시고 그러므로 모든 만물은 하나님의 것이다. 그러므로 내 것이라고 주장할 것은 아무것도 없다.

5) 하나님께서 소유를 우리에게 맡기심(시 8:6).

6) 청지기와 종의 차이점: 청지기는 경제 활동에서 자율권, 결정권, 책임이 있으며 종은 시키는 대로만 하는 책임이 없는 존재이다.

청지기 자질

1) 책임감	4) 부지런함
2) 신실함과 정직	5) 지혜
3) 충성심	6) 주인에 대한 경외심

청지기 삶

1) 하나님의 소유권 인정(레 25:23; 신 10:14; 욥 41:11; 시 24:1; 50:10-12; 학 2:8; 고전 10:26)

하늘과 모든 하늘의 하늘과 땅과 그 위의 만물은 본래 네 하나님 여호와께 속한 것이로되(신 10:14).

2) 하나님의 통제권 인정(대상 29:11-12; 시 135:6)

여호와께서 그가 기뻐하시는 모든 일을 천지와 바다와 모든 깊은 데서 다 행하셨도다(시 135:6).

3) 하나님의 공급권 인정(신 8:18; 시 34:9-10; 빌 4:19)

네 하나님 여호와를 기억하라 그가 네게 재물 얻을 능력을 주셨음이라 이같이 하심은 네 조상들에게 맹세하신 언약을 오늘과 같이 이루려 하심이니라(신 8:18).

그러므로 하나님의 소유권, 통제권, 공급권을 인정할 때 재물에 대한 걱정에서 자유로울 수 있으며, 재물을 잘 관리할 수 있는 지혜를 얻을 수 있다.

청지기 역할

1) 하나님께서 우리에게 하나님의 것을 다스릴 수 있는 관리에 대한 권한을 위임하셨지만 우리에게 소유권을 넘겨주셨다는 내용은 성경에 한 구절도 없다.

> 하나님이 이르시되 우리의 형상을 따라 우리의 모양대로 우리가 사람을 만들고 그들로 바다의 물고기와 하늘의 새와 가축과 온 땅과 땅에 기는 모든 것을 다스리게 하자 하시고(창 1:26).

2) 인간의 모든 영역은 하나님의 것이므로 인간의 마땅한 태도는 선한 청지기 삶을 살아야 하는 것이다. 다윗은 다음과 같이 기도하였다.

> 11 여호와여 위대하심과 권능과 영광과 승리와 위엄이 다 주께 속하였사오니 천지에 있는 것이 다 주의 것이로소이다 여호와여 주권도 주께 속하였사오니 주는 높으사 만유의 머리심이니이다. 12 부와 귀가 주께로 말미암고 또 주는 만물의 주재가 되사 손에 권세와 능력이 있사오니 모든 사람을 크게 하심과 강하게 하심이 주의 손에 있나이다(대상 29:11-12).

3) 소유권이 하나님께 있다고 인정할 경우 청지기인 우리는 재물에 대한 탐욕을 절제할 수 있고, 경제적인 손해에도 크게 실망하지 않으며 또 어려움을 쉽게 극복할 수 있다. 이웃을 돕는 기쁨을 얻으며 제자로서의 삶을 살 수 있다.

4) 에덴동산을 맡은 최초의 청지기는 아담이다.

> 여호와 하나님이 그 사람을 이끌어 에덴 동산에 두어 그것을 경작하며 지키게 하시고(창 2:15).

하나님께서 우리에게 경작하게 하신 것은 하나님께서 창조하신 것을 지키고 돌보라는 문화 명령이다. 이는 마태복음 28장의 지상 대명령과 연결되며, 지키라고 하신 것은 돌봄과 나눔의 경영관리다.

5) 우리는 이 땅에서 하나님 자산을 관리하는 청지기임을 한시도 잊지 않고 사는 것이 중요하다.

6) 청지기의 사명은 충성이다.

① 죽도록 충성하는 것이다

… 네가 죽도록 충성하라 그리하면 내가 생명의 관을 네게 주리라(계 2:10).

② 작은 일에 충성

그 주인이 이르되 잘 하였도다 착하고 충성된 종아 네가 적은 일에 충성하였으매 내가 많은 것을 네게 맡기리니 네 주인의 즐거움에 참여할지어다 하고(마 25:23).

③ 모든 일에 충성하라

여자들도 이와 같이 정숙하고 모함하지 아니하며 절제하며 모든 일에 충성된 자라야 할지니라(딤전 3:11).

7) 착하고 충성된 청지기

① 시간을 드림(시 90:10)

② 은사를 선용(마 25:14-15)

③ 재물을 드리고 나누는 청지기(딤전 6:9)

④ 주인의 명령에 순종(마 25:21, 23)

⑤ 주인을 섬김(골 1:24)

충성된 청지기의 유익

1) 땅을 그 씨에게 주시며 차지함(민 14:24; 느 9:8)

그의 마음이 주 앞에서 충성됨을 보시고 그와 더불어 언약을 세우사 가나안 족속과 헷 족속과 아모리 족속과 브리스 족속과 여부스 족속과 기르가스 족속의 땅을 그의 씨에게 주리라 하시더니 그 말씀대로 이루셨사오니 주는 의로우심이로소이다(느 9:8).

2) 더 많은 것을 맡김(마 25:21, 23)

그 주인이 이르되 잘하였도다 착하고 충성된 종아 네가 적은 일에 충성하였으매 내가 많은 것을 네게 맡기리니 네 주인의 즐거움에 참여할지어다 하고(마 25:21).

3) 열 고을을 다스릴 권세(눅 19:15-19)

4) 그밖에 주님과 친밀한 관계가 유지되고 성품이 개선되며, 하나님의 원리를 재정에 적용하므로 재정에서 자유하는 자가 된다.

신실한 청지기 자세

1) 돈의 위험성을 경계하고 하나님을 늘 우선순위에 둔다. 맘몬에게 의지하라는 유혹을 이긴다.

2) 돈의 한계를 늘 인식하며 평안은 하나님으로부터 오는 것이지 결코 돈이 아니라는 것을 깨닫는다.

3) 자신의 정체성을 잃어버리지 않으며 하나님의 자녀로서 예수님만 주님으로 섬기는 사람이다.

충성스런 종과 불순한 종(눅 12:42-48)

청지기의 책임과 의무를 성실히 이행하지 않는 것은 직무 유기인데 이는 일을 대충대충 하는 것, 주인이 없으면 먹고 노는 행위 등으로 죄에 해당한다.

> 42 주께서 이르시되 지혜 있고 진실한 청지기가 되어 주인에게 그 집 종들을 맡아
> 때를 따라 양식을 나누어 줄 자가 누구냐 43 주인이 이를 때에 그 종이 그렇게 하는
> 것을 보면 그 종은 복이 있으리로다 44 내가 참으로 너희에게 이르노니 주인이 그
> 모든 소유를 그에게 맡기리라 45 만일 그 종이 마음에 생각하기를 주인이 더디 오리
> 라 하여 남녀 종들을 때리며 먹고 마시고 취하게 되면 46 생각하지 않은 날 알지 못
> 하는 시각에 그 종의 주인이 이르러 엄히 때리고 신실하지 아니한 자의 받는 벌에
> 처하리니 47 주인의 뜻을 알고도 준비하지 아니하고 그 뜻대로 행하지 아니한 종은
> 많이 맞을 것이요 48 알지 못하고 맞을 일을 행한 종은 적게 맞으리라 무릇 많이 받
> 은 자에게는 많이 요구할 것이요 많이 맡은 자에게는 많이 달라 할 것이니라(눅 12:
> 42-48).

02

청지기와 달란트 비유

불의한 청지기 비유

1 또한 제자들에게 이르시되 어떤 부자에게 청지기가 있는데 그가 주인의 소유를
낭비한다는 말이 그 주인에게 들린지라 2 주인이 그를 불러 이르되 내가 네게 대하
여 들은 이 말이 어찌 됨이냐 네가 보던 일을 셈하라 청지기 직무를 계속하지 못하
리라 하니 3 청지기가 속으로 이르되 주인이 내 직분을 빼앗으니 내가 무엇을 할까
땅을 파자니 힘이 없고 빌어 먹자니 부끄럽구나 4 내가 할 일을 알았도다 이렇게 하
면 직분을 빼앗긴 후에 사람들이 나를 자기 집으로 영접하리라 하고 5 주인에게 빚
진 자를 일일이 불러다가 먼저 온 자에게 이르되 네가 내 주인에게 얼마나 빚졌느냐
6 말하되 기름 백 말이니이다 이르되 여기 네 증서를 가지고 빨리 앉아 오십이라 쓰
라 하고 7 또 다른 이에게 이르되 너는 얼마나 빚졌느냐 이르되 밀 백 석이니이다 이
르되 여기 네 증서를 가지고 팔십이라 쓰라 하였는지라 8 주인이 이 옳지 않은 청지
기가 일을 지혜 있게 하였으므로 칭찬하였으니 이 세대의 아들들이 자기 시대에 있
어서는 빛의 아들들보다 더 지혜로움이니라 9 내가 너희에게 말하노니 불의의 재
물로 친구를 사귀라 그리하면 그 재물이 없어질 때에 그들이 너희를 영주할 처소로
영접하리라 10 지극히 작은 것에 충성된 자는 큰 것에도 충성되고 지극히 작은 것에
불의한 자는 큰 것에도 불의하니라 11 너희가 만일 불의한 재물에도 충성하지 아니

하면 누가 참된 것으로 너희에게 맡기겠느냐 12 너희가 만일 남의 것에 충성하지 아
니하면 누가 너희의 것을 너희에게 주겠느냐 13 집 하인이 두 주인을 섬길 수 없나니
혹 이를 미워하고 저를 사랑하거나 혹 이를 중히 여기고 저를 경히 여길 것임이니라
너희는 하나님과 재물을 겸하여 섬길 수 없느니라(눅 16:1-13).

성경 전체에서 가장 해석하고 이해하기 어려운 말씀이다. 예수님께서 말씀하시려는 내용 중심으로 살펴보자.

1) 청지기는 물질을 낭비하거나 그 역할을 다하지 못하면 해고된다.

2) 하나님의 맡긴 재물에 대하여 결산할 때가 있다.

이러므로 우리 각 사람이 자기 일을 하나님께 직고하리라(롬 14:12).

3) 잘못을 저질렀다 해도 회개할 시간은 있다.

4) 세상의 재물을 가지고 친구를 만들었다(탕감, 구제).

5) 세상 재물을 다루는 것과 영원한 것을 맡는 것 사이에는 상관관계가 있다.

주님이 현재 우리에게 맡기신 것을 충성하지 않는다면 우리에게 더 많은 것을 맡길 이유를 모르실 것이다.

6) 다른 사람의 소유물에 충성해야 한다.

7) 재물은 주님이 원하시는 곳에 사용해야 한다(고아, 과부, 나그네).

8) 아무리 작은 것을 가지고도 주님의 일을 수행할 수 있다.

9) 이 땅에서 직분은 영원하지 않다(영생을 준비).

달란트 비유

14 어떤 사람이 타국에 갈 때 그 종들을 불러 자기 소유를 맡김과 같으니 15 각각 그
재능대로 한 사람에게는 금 다섯 달란트를, 한 사람에게는 두 달란트를, 한 사람에
게는 한 달란트를 주고 떠났더니 16 다섯 달란트 받은 자는 바로 가서 그것으로 장
사하여 또 다섯 달란트를 남기고 17 두 달란트 받은 자도 그같이 하여 또 두 달란트
를 남겼으되 18 한 달란트 받은 자는 가서 땅을 파고 그 주인의 돈을 감추어 두었더
니 19 오랜 후에 그 종들의 주인이 돌아와 그들과 결산할새 20 다섯 달란트 받았던
자는 다섯 달란트를 더 가지고 와서 이르되 주인이여 내게 다섯 달란트를 주셨는데
보소서 내가 또 다섯 달란트를 남겼나이다 21 그 주인이 이르되 잘하였도다 착하고
충성된 종아 네가 적은 일에 충성하였으매 내가 많은 것을 네게 맡기리니 네 주인의
즐거움에 참여할지어나 하고 22 두 달란트 받았던 자도 와서 이르되 주인이여 내
게 두 달란트를 주셨는데 보소서 내가 또 두 달란트를 남겼나이다 23 그 주인이 이
르되 잘하였도다 착하고 충성된 종아 네가 적은 일에 충성하였으매 내가 많은 것을
네게 맡기리니 네 주인의 즐거움에 참여할지어다 하고 24 한 달란트 받았던 자는
와서 이르되 주인이여 당신은 굳은 사람이라 심지 않은 데서 거두고 헤치지 않은 데
서 모으는 줄을 내가 알았으므로 25 두려워하여 나가서 당신의 달란트를 땅에 감
추어 두었었나이다 보소서 당신의 것을 가지셨나이다 26 그 주인이 대답하여 이르
되 악하고 게으른 종아 나는 심지 않은 데서 거두고 헤치지 않은 데서 모으는 줄로
네가 알았느냐 27 그러면 네가 마땅히 내 돈을 취리하는 자들에게나 맡겼다가 내가
돌아와서 내 원금과 이자를 받게 하였을 것이니라 하고 28 그에게서 그 한 달란트
를 빼앗아 열 달란트 가진 자에게 주라 29 무릇 있는 자는 받아 풍족하게 되고 없
는 자는 그 있는 것까지 빼앗기리라 30 이 무익한 종을 바깥 어두운 데로 내쫓으라
거기서 슬피 울며 이를 갈리라 하니라(마 25:14-30).

1) 청지기는 주인의 소유를 위임 받은 사람이다.

2) 사람에 따라 주어지는 달란트의 금액이 다르다.
각자에 맡긴 은사가 다르며 관리 책임이 있다.

3) 이 당시 재물의 보관 방법은 땅에 묻어 두는 것이었는데, 남기지 않는 것을 책망하셨을 뿐 아니라 남김을 잘하는 자에게 주라고 하신다. 하나님은 남기는 자에게 더 많은 것을 주신다. 우리는 하나님이 맡겨주신 재물을 얼마나 남기고 있는지 살펴보아야 한다. 주인의 뜻을 이행하며, 하나님이 주신 재능과 능력을 썩히고 잘 관리하지 않는 것은 불성실한 행위이다.

나눔 자료

누가복음 16장 1-13절을 읽으십시오.

1. 당신은 하나님이 맡겨주신 재물을 잘 관리하는 청지기입니까? 아니면 불의한 청지기입니까? 그 이유에 대해 서로 나누어 봅시다.

2. 당신이 가지고 있는 청지기 자질 중에서 강점과 약점을 이야기하고, 약점이라고 생각되는 것들을 어떻게 극복할 수 있는지 이야기 해 봅시다.

3. 이 땅의 재물과 하늘에 쌓은 보화는 누구의 것이라고 생각합니까?

4. 나는 맘몬이 아닌 하나님만 섬긴다고 당당하게 이야기 할 수 있습니까?

5. 이 세상에서의 재물의 사용은 하늘나라와 어떤 관련이 있습니까?
   마태복음 25장 14-30절을 읽으십시오.

6. 재물을 청지기에게 맡기고 길을 떠난 주인의 뜻은 무엇일까요?

7. 남김의 의미를 생각해보고 서로 나누어 보십시오.

8. 충성된 청지기가 되기 위한 나의 결단은 무엇입니까?

실천 과제 적용하기

나의 자산 부채 목록 작성

-
-
-
-
-
-
-

참고자료

❖ 누가복음 13장 불의한 청지기의 비유에서 KJV 성경의 불의한(unrighteous)을 NIV는 세상의(worldly)로 번역했다. 이는 하늘의 것은 참된 것, 세상의 것은 불의한 것이라는 말씀으로 해석할 수 있다.

❖ Cultivate(경작)은 Culture(밭을 갈다, 돌보다)의 어원

❖ 문화 명령

> 25 하나님이 땅의 짐승을 그 종류대로, 가축을 그 종류대로, 땅에 기는 모든 것을 그 종류대로 만드시니 하나님이 보시기에 좋았더라 26 하나님이 이르시되 우리의 형상을 따라 우리의 모양대로 우리가 사람을 만들고 그들로 바다의 물고기와 하늘의 새와 가축과 온 땅과 땅에 기는 모든 것을 다스리게 하자 하시고 27 하나님이 자기 형상 곧 하나님의 형상대로 사람을 창조하시되 남자와 여자를 창조하시고 28 하나님이 그들에게 복을 주시며 하나님이 그들에게 이르시되 생육하고 번성하여 땅에 충만하라, 땅을 정복하라, 바다의 물고기와 하늘의 새와 땅에 움직이는 모든 생물을 다스리라 하시니라(창 1:25-28).

하나님의 정지기 대리자로 인간에게 세상을 다스리라는 특권과 돌봄의 책임을 주셨으며 이는 사명이다. 다스리는 것은 하나님 안에서 통일되게 하려 하심이다.

❖ 달란트가 원래는 Talents(재능)의 의미로 쓰인 것은 아니다.

❖ 성경에 나오는 화폐 단위
1세겔: 은화 약 11.4kg, 노동자 4일 품삯 　50세겔: 금화 1므나 　60므나: 1달란트
1드라크마: 1데나리온, 노동자 하루 품삯 　렙돈: 화폐의 최소 단위

❖ 한국의 중산층 기준(2017 대한민국 중산층보고서, NH투자증권 100세 시대 연구소)
① 빚 없는 APT 30평 이상 보유 　② 월 급여 500만 원 이상
③ 2000cc급 중형차 보유 　④ 예금 잔고 1억 이상
⑤ 해외 여행 1년에 한 번 이상

나는 어떤 계층?

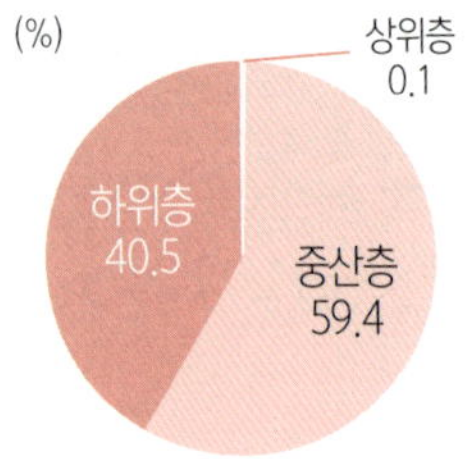

중산층 전체

중산층 인식 비율

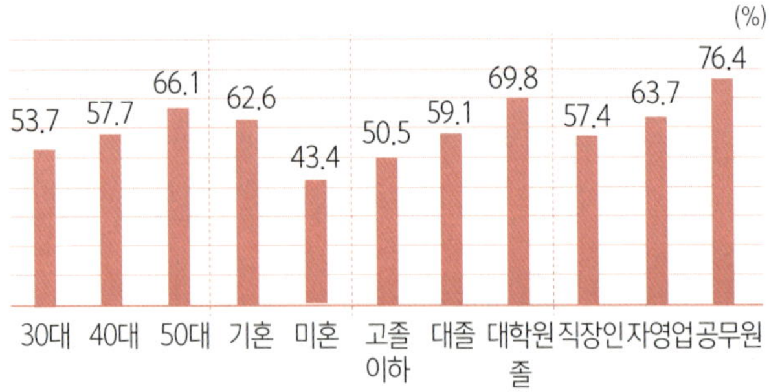

※자료 : NH투자증권 100세시대연구소

중산층의 순자산 이상과 현실

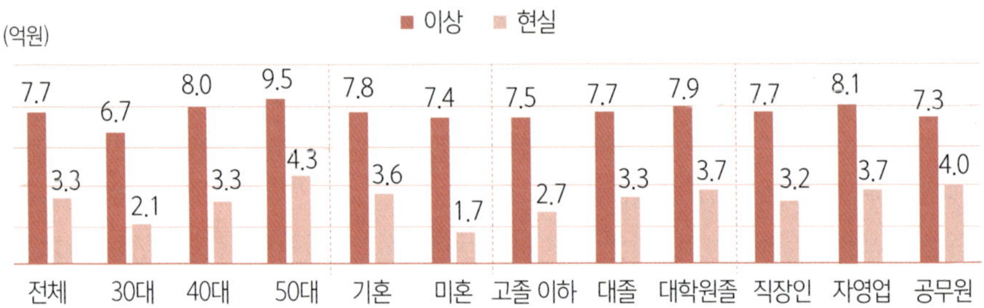

※자료 : NH투자증권 100세시대연구소

❖ 미국(공립학교에서 가르치는 중산층 기준)

① 자신의 주장에 떳떳하고

② 사회적 약자를 도와야 하고

③ 부정과 불법에 저항하는 것

④ 테이블 위에 정기적으로 받아보는 비평지가 놓여 있을 것

❖ 영국(옥스포드대학 중산층 기준)

① 페어플레이

② 자신의 주장과 신념을 가질 것

③ 독선적으로 행동하지 말 것

④ 약자를 두둔하고 강자에 대응

⑤ 불의, 불평, 불법에 의연히 대처

❖ 프랑스의 중산층 기준

① 외국어 하나 정도는 기본

② 직접 즐기는 스포츠와 다룰 줄 아는 악기가 있을 것

③ 차별화된 요리를 할 수 있어야 하고

④ 공분에 의연히 참여

⑤ 약자를 돕고 꾸준한 봉사활동

선진국인 미국, 영국, 프랑스의 중산층 기준에는 우리나라와 같은 재정적인 기준이 없다.

제3강

빚지지 않는 삶

부자는 가난한 자를 주관하고
빚진 자는 채주의 종이 되느니라
(잠 22:7)

01

부채와 그리스도인

재정 관리에서 빚만큼 개인이나 기업과 국가에 미치는 영향이 큰 것은 없을 것이다. 빚은 고통을 가져다준다. 그뿐 아니라 빚은 사람들의 기쁨과 행복도 빼앗아 간다. 이는 그리스도인이라고 해서 예외가 아니다. 빚의 노예로 살아가기 때문에 하나님의 영광을 위해서 살아가는 것은 무척이나 어렵다.

빚은 미래 소득을 앞당겨 쓰는 것이다. 이는 아직 벌지 않은 돈으로 미래의 소득, 시간, 에너지를 저당 잡히는 것이다. 이는 하나님께서 우리에게 때를 따라 공급하시는 분이라는 것을 믿지 못하고, 자기 생각대로 하나님의 계획보다 앞서 간다는 것이다. 마이너스는 사탄의 세계이다. 그러므로 하나님은 우리가 마이너스 세계로 들어가는 것을 원치 않으신다.

성경에서는 "피차 사랑의 빚 외에는 아무에게든지 아무 빚도 지지 말라"(롬 13:8)고 하였다. 성경은 그리스도인들이 원칙적으로 빚을 지는 것을 원치 않는다. 이는 사람의 노예가 되지 말라는 것으로 빚을 많이 지고 있는 상태에서, 하나님을 자유롭게 섬기는 것은 불가능하고 하나님의 일을 하기 어렵다는 뜻이다. 빚을 지면 영적으로 맘몬에게 노예 상태로 있는 것이기 때문에 자유를 잃어버리고 고통 가운데 살아가게 된다.

이러한 빚의 본질을 알아보고 빚과 관련된 문제를 어떻게 해결할 수 있을지 하나님 말씀 안에서 그 해결책을 찾아보려고 한다. 더 나아가 단지 하루하루 먹고 사는 인생이 아니라 재정의 풍요로움을 가지고, 하나님의 나라를 세우는 쓰임 받는 인생으로 살아갈 방법을 생각해 보려고 한다.

성경속의 부채

1) 성경에서 빚의 시작

창세기 3장 13절에 나타나는 '꾀므로'는 히브리어 나샤(Nasha)이다. 이는 속이다, 꾀다이며, 다른 뜻은 이자를 받고 빌려 주다라는 의미이다.

> 여호와 하나님이 여자에게 이르시되 네가 어찌하여 이렇게 하였느냐 여자가 이르되 뱀이 나를 꾀므로 내가 먹었나이다(창 3:13).

2) 성경에서 빚은 불순종에 대한 저주로 표현하고 있다

> 그는 네게 꾸어줄지라도 너는 그에게 꾸어주지 못하리니 그는 머리가 되고 너는 꼬리가 될 것이라(신 28:44).

3) 부채의 정의

과거의 거래나 사건의 결과로 나타나 타인에게 갚아야 하는 현재의 의무, 미래의 경제적 효익의 희생이다.

부채의 대가

1) 마음과 몸에 고통, 불면, 우울, 정서적 공포, 수치심, 무기력, 무가치의 감정, 염려와 스트레스가 증가하며 이혼, 파산, 신용불량자가 되고 인간관계를 파괴한다

2) 이자는 우리가 잠든 사이에도 발생하므로 빚은 계속 늘어난다.

3) 부채는 상속된다. 죽는다고 해결되지 않는다.

4) 하나님의 공급이 새어나가고 하나님의 질서가 무너진 것이다.

① 평생 소득의 50-65%를 빚을 갚는 데 사용한다.
② 항상 부족하다고 느낀다.
③ 도움과 나눔 드림의 기회를 상실하므로 하나님께 영광을 돌리지 못한다.
④ 부채는 반드시 갚아야 한다.

악인은 꾸고 갚지 아니하나 의인은 은혜를 베풀고 주는도다(시 37:21).

빚의 환상들

1) 빌린 돈도 내 것이다

2) 빌린 돈은 나중에 갚을 금액이다

그러나 성경에는 앞날을 알 수 없기 때문에 빌릴 때 돈을 벌어서 갚겠다는 가정

자체가 악하다고 경고한다. 빌린 금액보다 훨씬 큰 대가를 지불해야 한다는 것을 잊어버린다.

빚을 지게 된 원인

1) 무계획

한 달 생활비가 얼마인지에 대한 대답을 하지 못한다. 먼저 쓰고 본다. 갚을 계획이 없다.

2) 불순종

성경의 가르침대로 살지 않는 것은 불순종의 결과이다.

> 네가 만일 네 하나님 여호와의 말씀을 순종하지 아니하여 내가 오늘 네게 명령하는 그의 모든 명령과 규례를 지켜 행하지 아니하면 이 모든 저주가 네게 임하며 네게 이를 것이니(신 28:15).

지금 당장 만족하려는 우리의 생활 습관과 수입보다 지출이 많으면 재정 결핍은 계속된다.

3) 보증

보증에 대한 성경의 가르침(잠 6:1-5; 17:18; 20:16; 22:26-27; 27:23)

> 타인을 위하여 보증 선 자의 옷을 취하라 외인들을 위하여 보증 선 자는 그의 몸을 볼모 잡을지니라(잠 20:16).

은행 대출 보증을 선 사람의 75%가 대신 차입금을 갚았다. 명의를 빌려주는 것은 더욱 더 위험하다.

4) 동업

5) 탐욕(무분별한 소비, 소유욕, 충동구매, 과도한 투자)

현금보다 카드 사용 시 26% 소비가 증가한다는 통계가 있다.

6) 부채의 심각성 상실

7) 훈련 부족(경제교육, 가계부 작성 등)

8) 비교 의식, 과시욕, 참조틀(frame of reference)

9) 잘못된 삶의 의미 추구

소유나 권력 성공에서 삶의 의미를 찾으려는 경향 때문이다.

10) 잘못된 결정들 때문에 빚을 지게 된다.

빚을 지지 말아야 하는 성경적 이유

1) 청지기의 사명을 다하지 못하는 것이다. 빚을 지는 것은 결과적으로 하나님께서 주신 부와 재물을 낭비하는 것이다.

2) 사람의 종이 되지 말라는 하나님의 명령을 어김. 빚진 자는 빚을 준 사람의 종이기 때문에 재정에 대해 독립적인 결정을 내리기가 어렵다.

3) 빚지는 자는 나누고 주는 자의 복을 받을 수 없다. 씨 뿌리는 자에게 주실 하나님의 복을 스스로 차단.

4) 하나님의 심판을 자초(신 28:43-45).

5) 빚에 허덕이게 되면 하나님을 비난받게 한다.

02

일반적인 부채 이해하기

부채의 본질

부채는 현재의 소비를 위해 미래의 소득을 앞당겨 쓰는 행동이다.

1) 부채사다리 (2003년 신용회복위원회)

1단계

	문항	O	X
1	채권자가 나를 상대로 법적인 조치를 취하고 있다.		
2	채권자가 나를 상대로 법적인 조치를 취하겠다고 협박하고 있다.		
3	부채로 인해 월급의 일정 부분을 차압당하고 있다.		
4	빚을 갚기 위해 또 다른 빚을 졌다.		
5	집세나 공과금 등 반드시 내야 되는 돈을 내지 못하고 있다.		
6	파산 신청을 할까 궁리 중이다.		
7	집이나 집기에 대한 압류 처분 가능성이 있다.		
8	매달 신용카드 대금을 결제한 후에도 역시 같거나 혹은 더 많은 부채를 안고 있다.		
9	다른 신용카드 대금을 결제하기 위해 현금서비스를 이용하고 있다.		
10	부채 해결의 희망이 보이지 않아 자살하고 싶은 충동이 있다.		
11	나로 인해 가족들의 채무가 증가하고 있다.		
12	고리의 사채를 쓰고 있다.		
13	빚 독촉 때문에 전화는 무조건 받지 않고 있다.		

위 질문 중 하나 이상의 문항에 그렇다고 응답했다면 부채 문제는 적색경보(중증) 수준이며, 아주 심각한 수준으로 스스로 부채문 제 해결은 어려운 상태이다.

2단계

	문항	O	X
1	식품이나 의복 등 생활필수품을 구입하는데 금전적으로 어려움을 느낀다.		
2	돈이 없어 자신이나 가족이 병원치료를 미루고 있다.		
3	의료보험료가 연체되고 있다.		
4	할부상환금을 한 달 이상 연체하고 있다.		
5	신용카드 대금을 연체하고 있다.		
6	대출금(현금서비스 이용금 포함)을 연체하고 있다.		
7	대출 또는 기타 신용 이용을 거절당하고 있다.		
8	하나 이상의 신용카드를 한도액까지 사용하고 있다.		
9	빚을 갚기 위해 만기가 되지 않은 적금을 해약해야 한다.		
10	빚을 갚기 위해 집을 줄이거나 처분해야 한다.		
11	총부채액의 정확한 액수를 알지 못한다.		
12	매달 갚아야 하는 월 부채 상환액이 얼마인지 정확히 모른다.		
13	돈 때문에 걱정을 하거나 가족들과 다투는 경우가 자주 있다.		
14	돈 때문에 직장이나 가정 또는 대인관계에 문제가 생긴다.		
15	빚이 얼마나 되는지 계산하는 것이 두렵다.		
16	다른 가족들이 모르는 부채가 있다.		
17	부채로 인한 스트레스가 매우 크다.		
18	보험료와 세금 등과 같이 자주 내지 않지만 주기에 따라 내야하는 지출에 어려움을 느낀다.		
19	명절이나 특별한 날의 선물을 살 때 금전적으로 어려움을 느낀다.		

위 질문 중 하나 이상에 그렇다고 응답했다면, 부채 문제는 황색주의보(중경증) 수준이라 할 수 있다.

2) 적정 부채의 기준

계획된 기간 안에 연체 없이 상환할 수 없을 경우 심각한 부채 상태라고 할 수 있다. 총자산의 40%를 넘는 경우는 경고의 신호등이 켜졌다고 할 수 있다.

3단계

	문항	O	X
1	주택자금 상환을 제외한 부채를 갚는 데 소득의 25% 이상을 쓰고 있다.		
2	가끔 기한 내에 청구대금을 내지 못할 때가 있다.		
3	실직을 한다면 바로 재무적인 문제가 닥치게 될 것 같다.		
4	저축액이 거의 없거나 전혀 없다.		
5	일상적인 생활비 지출을 위해 저축을 찾아 쓰고 있다.		
6	현재 청구된 금액을 갚기 위해 저축을 찾아 쓰고 있다.		
7	가끔 돈 때문에 걱정을 하거나 가족들과 다투기도 한다.		
8	저축이나 기타 유동자산으로 갖고 있는 액수가 한 달 소득액보다 적다.		
9	은행 잔고가 마이너스다.		

위 질문 중 하나 이상 그렇다고 응답했다면 부채 문제는 주의 경고(경증) 수준이라고 할 수 있다.

① 이미 보유하고 있는 부채
② 추가로 빌리려는 부채
③ 총자산(금융자산+실물자산+기타자산)
④ ① + ② < ③ * 0.4 = 적정
⑤ ① + ② > ③ * 0.4 = 부적정 (경고)

일반적인 비용, 수익 이해하기

1. 비용, 수익의 본질

우리 삶을 들여다보면 융자로 구입한 집을 월부로 구매한 가구로 채우고, 할부로 구입한 자동차를 타며 신용카드로 기름 넣고, 옷을 사고 외식하며 식품을 사면서 살아간다. 그야말로 외상 인생으로 빚을 갚기 위해 미래를 저당 잡히고 거짓 속에 살아가는 것이다.

1) 실질 비용

① 융자: 1억, 금리 8.5%, 기간 30년 만기 주택구입시 총 비용 계산

이자를 계산하면 255백만 원이다. 그리고 재산세 등 기타 비용을 포함하면 3억 원이 총비용이다.

그러나 우리는 빚이 1억이라고 생각하기 쉽다. 총 비용 개념을 생각하면 주택구입에 신중을 기할 수밖에 없다.

② 이자: 원금 1천만, 이자 10% 로 대출사용

연간 1백만 원의 이자 지급, 이를 6% 복리 이자로 30년간 저축한다면 1억 2천만 원이 된다. 즉 30년간 1,000만 원의 빚이 있으면 1억 2천만 원, 2,000만 원이면 2억 4천만 원, 5천만 원이면 6억, 1억이면 12억을 더 내게 된다.

신용카드 현금서비스 6,000,000원 이자 18%

지불해야 하는 이자액

(백만)

기간	5	10	20	30
이자 비용	5.5	11	22	33

매년의 이자 1,100,000을 연이율 12%로 저축 시 수익

(백만)

기간	5	10	20	30
수익	0.7	0.9	3	4

2) 복리의 마력

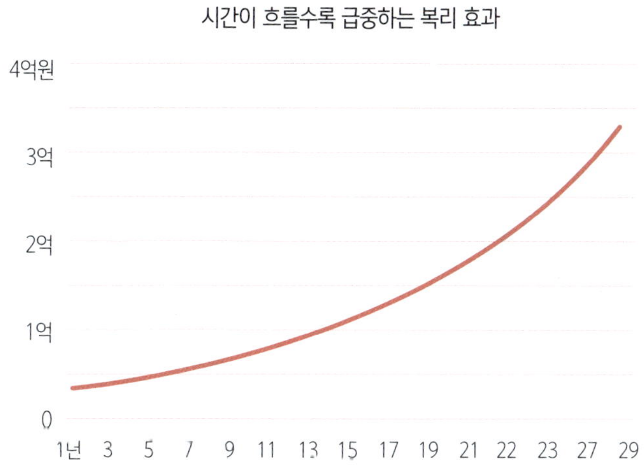

(출처: 이코노미스트 이상건 미래에셋은퇴연구소 상무 2020년)

위 그래프는 2,000만 원을 연 10% 복리 수익률로 투자했을 경우를 가정한 것으로 시간이 흐를수록 기울기가 가팔라진다. 이는 기울기에 비례하여 원금과 수익도 기하급수적으로 커진다는 것을 보여 주고 있다.

60세에 10억 모으기 위한 매일 저축액(이자 10%)

(원)

나이	매일 저축액	원금
15	540	9,000,000
20	1,100	16,000,000
30	5,400	59,000,000
40	23,000	170,000,000
50	130,000	480,000,000

이것은 그렇게 어려운 일이 아니다. 그러나 대부분의 사람들은 하지 않는다. 많은 사람들이 이자, 특히 복리의 힘을 알지 못하기 때문이다.

부채 상환

1. 빚에서 탈출하기

빚에서 탈출하기 위해서는 부채 상환 계획을 세워 적극적으로 실행해야 한다. 부채 상환 절차를 보면 먼저 부채를 지게 된 원인을 분석하고 부채 현황을 파악하며, 자산의 현금화를 통한 부채 상환 필요 금액을 마련하여, 소득증대로 지출 감소분의 부채를 상환해야 한다.

1) 빚을 지게 된 원인 분석

생각하고 싶지 않지만 내가 무엇을 잘못 선택했는지? 잘못이 무엇인지 뒤돌아보고 같은 잘못을 반복하지 않는다. 잘못된 지출 습관을 고친다.

2) 부채 목록표를 토대로 상환 리스트를 만든다

이자율이 높은 빚을 먼저 갚는다. 개인으로부터 빌린 돈을 먼저 갚자. 그렇지만 금액이 적은 것이 있다면 먼저 갚음으로 빚을 갚는 기쁨을 누리자.

3) 가계부를 기록

어느 부분의 지출을 줄여야 하는지 파악하여 월 상환 목표액을 정한다.

4) 자산 목록 중에서 팔 수 있는 것 목록 작성

(예: 금반지, 집, 차, 가구, 유선방송 끊기)

5) 새로운 빚을 절대로 지지 말자

6) 현금사용, 신용카드를 자르자

7) 비용을 줄일 수 있는 방법들

① 모유 먹이기, 미용실 안 가고 집에서 머리 손질
② 세탁소 이용 자제, 물빨래 옷 사기
③ 네일아트 이용 안하기
④ 새로운 물건, 옷 등을 사지 않기
⑤ 홈 쇼핑을 안 보기
⑥ 외식 안하기
⑦ 커피, 음료수 대신 물마시기
⑧ 두 집을 한 집으로 합치기
⑨ 대중교통 이용, 특히 자동차 할부금은 캐피탈사 대출금이기 때문에 비싸다. 연료비, 유지비, 보험료 등을 생각하면 자동차는 매각하는 것이 부채 상환의 올바른 방법이다.
⑩ 대학은 꼭 가야 하는가? 유치원 꼭 비싼 곳에 보내야 하는지, 학원, 과외 해야 하나?
⑪ 보험은 총 수입의 7% 이내가 적당
⑫ 공유의 경제(Sharing Economy)
⑬ 부채의 상환과 저축을 병행
⑭ 대환 대출을 고려, 대부업체 등에서 받은 고금리 대출(연20% 이상)을 은행의 저금리 대출로 전환시켜주는 바꿔드림론과 신용등급이 낮아 제도권 금융 이용이 어려운 서민에게 생계자금을 지원하는 햇살론을 이용
⑮ 금리인하 요구권(취직, 승진, 소득증가, 신용등급 개선)
⑯ 채권자와 협상
⑰ 전세 값이 오른다면 같은 금액의 작은 평수 집구하기
⑱ 상환방법 변경(상환 시스템 변경)

예) 원금 1,000만 원, 이자율 5%, 만기 10년

상환방법	이자(월)	총납입이자
만기 일시상환	41,667	5,000,000
원리금균등상환	106,000	2,727,000
원금균등상환	84,000	2,520,000

⑱ 거치 기간을 짧게 하는 것이 유리

8) 소득 증대 방안 마련

① 하나님이 빚을 갚게 하는 일반적인 방법은 자신의 노동을 통해서 소득을 얻게 하는 것이 일반적이다. 빚은 상대방이 있는 것이다. 어느 한 편에게만 유리한 방법을 동원할 수 없다. 공의의 하나님이시기 때문이다.

② 하나님은 노동을 통해서 채무를 상환하려는 신실한 그리스도인에게 그 길을 열어 주실 것이다.

③ 내가 가지고 있는 것은 무엇인가? 하나님은 사르밧 과부의 예에서 보듯이 빚을 갚으려는 행동을 할 때, 즉 우리가 할 수 있는 일들을 시작할 때 초자연적인 하나님의 역사가 일어난다. 부채 금액의 크기가 아니라 내게 남아 있는 것과 할 수 있는 것에 초점을 맞추자.

④ 추가 소득원을 찾아보자.

⑤ Never Give up! 빚 갚기에서 무엇보다도 중요한 것. 쉽게 지치지 말고 청산시까지 결코 포기하지 않는 자세

⑥ 빚을 갚는 것도 저축하는 것 이상의 기쁨이 있다.

2. 잘못된 부채 관리

1) 돌려 막기

지금 당장 연체를 면하기 위해 신용카드로 돌려막기를 한다면 이는 임시 방편에 불과하고 고금리 이자 비용이 더욱 커진다.

2) 카드깡

카드깡 이용자는 업자에게 고액의 수수료를 지급해야 하기 때문에 절대로 이런 거래를 해서는 안 된다.

3) 사채

사채는 절대로 사용하면 안 된다.

성경에서 찾아보는 빚 탈출 방법

1) 회개하자

빚을 지게 된 과거의 잘못된 삶과 맘몬의 노예로 살아가는 현재의 삶에 대한 회개의 기도를 드리자. 세상풍조를 따른 것에 대한 회개(롬 12:2).

2) 하나님과의 관계를 회복: 하나님께 먼저 첫 열매를 드려라

3) 하나님의 소유권을 인정하라

4) 하나님께서 축복해 주실 것을 신뢰하라

5) 빚 갚기를 선언하자

① 빚 없는 날(Debtless Day)을 설정하자. 빚을 갚는 기쁨도 크다. 시간이 지날수록 재무구조가 탄탄해진다.
② 처음에 아주 조금씩이라도 갚아나가는 것은 영적으로 중요한데 이는 맘몬과 빚의 요새를 깨트리는 것으로, 이렇게 할 때 하나님은 빚을 갚으려는 자에게 초자연적으로 일하신다.
③ 먼저 빚을 갚고 남은 것으로 생활비에 충당하는 것이 순서

그 여인이 하나님의 사람에게 나아가서 말하니 그가 이르되 너는 가서 기름을 팔아 빚을 갚고 남은 것으로 너와 네 두 아들이 생활하라 하였더라(왕하 4:7).

6) 기도하자

제 빚은 얼마입니다. 주님께 먼저 알리고 빚을 모두 갚을 수 있도록 지혜를 주시고, 방법을 알려 주시고, 도움주시기를 간구, 앞으로는 재 정관리를 잘해서 주님이 공급해 주시는 재물로 하나님 나라의 확장과 이웃을 위해 사용하겠습니다. 자신의 생각과 한계를 넘어 하나님이 도와주실 것을 믿고 기도하자.

나눔 자료

1. 당신이 빚을 진 원인은 무엇입니까? 다시 그런 상황이 온다면 어떻게 대처하겠습니까?

2. 빚 때문에 고통당한 경험을 이야기해보고 그 당시 어떻게 행동했는지요? 열왕기하 4장 1절-7절을 읽으세요.

3. 빚을 갚는 원리와 지금 당신의 부채를 해결하기 위해 해야 할 가장 시급한 일은 무엇인가요?

4. 당신에게 지금 남아 있는 것은 무엇인가요?

5. 빚을 갚기까지 헌금을 보류하겠다는 생각은 어떤가요?

6. 공유경제에 대해 어떻게 생각하십니까? 우리 공동체에서 실현할 수 있는 방안이 있습니까?

7. 당신은 신용카드를 몇 개 소유하고 있습니까? 신용카드를 자르지 못하는 이유가 있습니까? 서로 이야기 해 봅시다.

실천 과제 적용하기

수입, 지출 명세서 작성

-
-
-
-
-
-
-

참고자료

❖ 부채(負債liability, debt)

헬라어: 죄와 부채를 같은 의미로 사용한다. 주기도문을 보면 빚을 의미하는 debt을 죄로 사용했다.

And forgive us our debts, as we forgive our debtors.
우리가 우리에게 죄 지은 자를 사하여 준 것 같이 우리 죄를 사하여 주시옵고(마 6:12).

죄와 부채는 몸과 마음에 고통을 느끼는 유사점이 있다.

❖ Nashak: 독사에게 물리다, 이자로 압박하다, 고리대금하다.

❖ 주택 구입 시

적절한 이자 규모는 연소득의 2.5%(연소득 5천이면 천 융자, 차입이자 4.2%)

❖ 모기지론(Mortgage)

Mort(죽음)와 Gage(계약, 서약, 몫)의 합성어로 모기지론은 죽음의 서약, 계약, 죽음의 몫이라 할 수 있다.

❖ 금리가 높은 순서

사채, 일반사금융(일수) → 대부업체 → 카드 현금서비스 → 카드론(캐피탈사) → 제2금융권(저축은행, 신협) → 제1금융권(은행신용대출) → 보험사(약관대출) → 제1금융권(은행담보대출) → 정책자금대출(주택금융공사) → 농협중앙회(제1금융권)단위농협, 새마을금고(제2금융권)

❖ 가계 부채 추이

(억원, %)

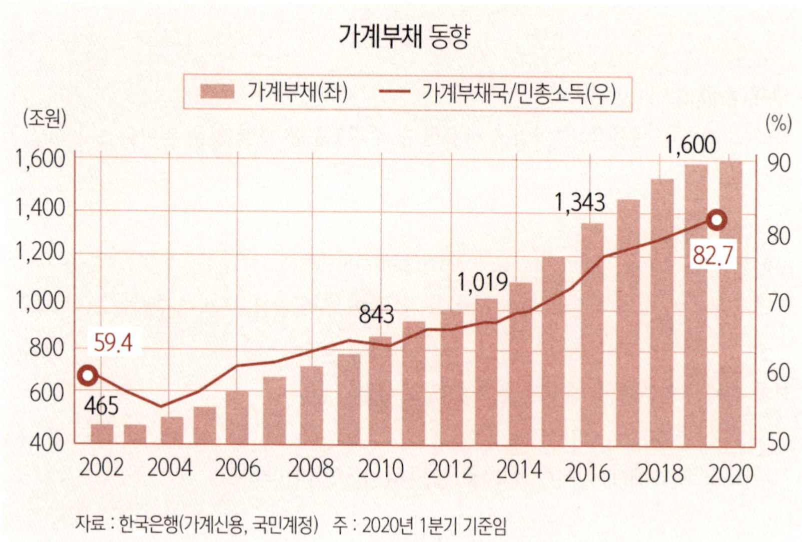

❖ 가계 신용

가계 빚 수준을 보여주는 대표적 통계로 가처분 소득 대비 가계 부채비율을 말한다.

1인당 2,150만 원 부채

각 부문별 부채는 국가 공공부문이 1,616조 가계부채가 1207조 기업부채는 2,347조이다.

❖ 한국교회 부채

월이자: 187억~416억 / 연간: 2,250억~5,000억

<종교별 대출 현황, 금융감독원> 단위:원

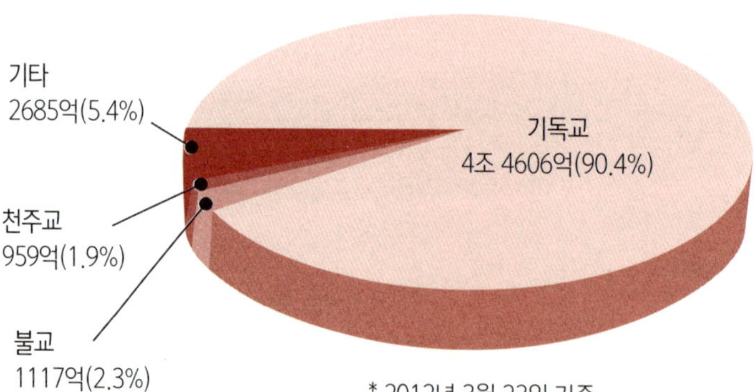

* 2012년 3월 23일 기준

❖ 공유(나눔)경제(Sharing Economy)

2008년 하버드대 교수인 로렌스 레식에 의해 최초로 사용된 것으로, 물품을 소유 개념이 아닌 서로 대여해 주고 차용해 사용하는 개념으로 인식하는 경제활동을 가리키는 표현이다. 이는 공동체 전체의 복리를 증진시켜준다. 성경은 나눔 경제를 강조하고 있다. 나누는 것은 물질만이 아니다.

아이디어 지식, 노하우, 카쉐어링(시간 단위로 차 대여), 게스트 하우스와 같이 집 공유, 물품 공유, 아나바다, 벼룩시장.

❖ 금리의 종류

① 단리와 복리단리는 예금의 이자를 1회 계산하여 지급하는 것이고, 복리는 일정기간이자를 계산하여 원금에 가산하는 금리

② 명목금리와 물가변동을 고려하지 않은 금리

③ 실질금리 명목금리에서 물가상승률을 뺀 금리

LËTZEBUERG
SLOVENSKO

제4강

정직한 재정생활

오직 공의롭게 행하는 자,
정직히 말하는 자,
토색한 재물을 가증히 여기는 자,
손을 흔들어 뇌물을 받지 아니하는 자,
귀를 막아 피 흘리려는 꾀를 듣지 아니하는 자,
눈을 감아 악을 보지 아니하는 자,
그는 높은 곳에 거하리니
견고한 바위가 그의 요새가 되며 그의 양식은 공급되고
그의 물은 끊어지지 아니하리라
(사 33:15-16)

01

재물과 정직

히브리어의 (행)복은 아쉐르인데 이는 '아솨르', 즉 정직하게 행한다에서 온 말이다. 그러므로 성경에서의 복은 정직하게 행하는 데서 온다고 할 수 있다. 정직하면 가난해지고 부자가 될 수 없다는 것이 일반적인 생각인데, 정직하면 단기적으로는 손해 보는 것 같지만 장기적으로는 이익이다. 이것이 하나님의 재정이다. 정직하게 행하는 사람뿐만 아니라 자녀에게도 하나님의 복이 임한다.

국제 투명성 기구가 발표한 2019년 세계 부패 보고서에 의하면 한국의 최근 순위는 상승하고 있지만 부패지수는 100점 만점에 61점으로 여전히 낮은 상태이다.

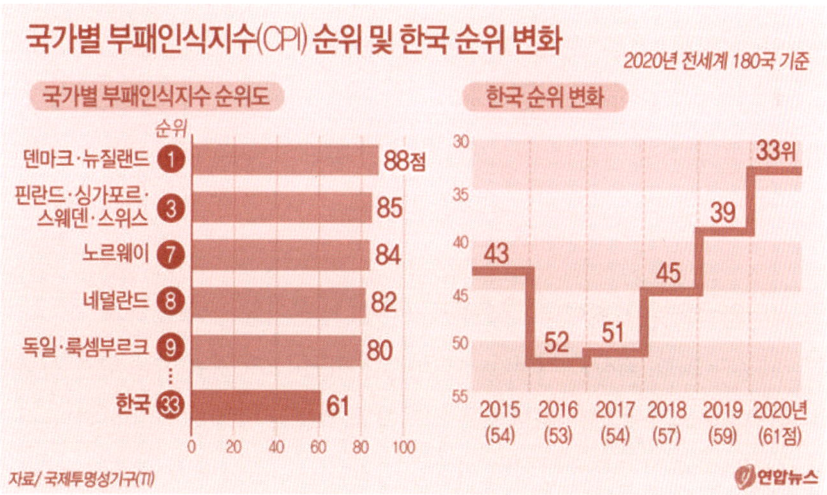

출처: 국제투명성기구(TI) 「부패인식지수(CPI)」

이 땅에서 정직이 사라지고 있기에 어려운 일이지만 더 정직하게 살아야 할 책임이 그리스도인에게 있다. 그 이유를 잠언 21장 3절은 분명히 이야기하고 있다. "공의와 정의를 행하는 것은 제사드리는 것보다 하나님께서 기쁘게 여기시"기 때문이다.

성경적인 정직

1) 절대적 정직: 하나님은 우리에게 환경에 따라 융통성을 갖는 상대적인 정직이 아닌 절대적 정직을 요구하신다.

2) 살아계신 하나님에 대한 믿음: 우리가 하나님의 살아계심과 인도를 받는다면 부정한 행위를 통한 이득이나 출세는 결국 하나님을 부정하는 행위가 된다. 정직한 행동은 믿음과 관련이 있다. 정직하지 않은 것은 주님을 부인하는 것과 같고 하나님은 이런 자들을 증오하신다.

3) 정직의 기준: 오직 하나님이 기뻐하실까?이다. 정직하지 않으면 이웃을 네 몸처럼 사랑하라는 주님의 계명에 불순종하는 것이다. 정직하지 못하면 하나님의 것을 지갑에서 훔치는 것과 같다(1차 피해자는 회사, 사업주, 정부지만 결국은 만물의 주권자인 하나님의 것을 도적질 하는 행위이다).

4) 뇌물을 엄격히 금함: 너는 뇌물을 받지 말라 뇌물은 밝은 자의 눈을 어둡게 하고 의로운 자의 말을 굽게 하느니라(출 23:8).

5) 리더의 정직: 관원이 거짓말을 들으면 그의 하인들은 다 악하게 되느니라(잠 29:12). 가정과 교회, 직장의 리더가 정직하지 못하면 그의 권위 아래 있는 사람들은 모두 타락하게 되므로, 지도자에게는 정직이 최우선의 덕목이 되어야 한다. 우리는 리더를 선택할 때 진실하며 불의한 이익을 미워하는 자를 선택해야 하고, 이미 리더

가 된 사람들도 이 기준에 언제나 합당한 삶을 살아야 한다. 불의한 이익을 미워하는 자(출 18:21)여야 한다. 교회에서 리더를 세울 때 재정적인 부문에 대한 기준을 성경은 제시하고 있다. "돈을 사랑치 아니하는 자"(딤전 3:3; 비교: 딛 1:7; 벧전 5:2)이어야 한다고 가르친다. 집사들도 "더러운 이(利)를 탐하지 말아야 한다"고 경계하고 있다(딤전 3:8).

> 너희 중에 있는 하나님의 양 무리를 치되 억지로 하지 말고 하나님의 뜻을 따라 자원함으로 하며 더러운 이득을 위하여 하지 말고 기꺼이 하며(벧전 5:2).

> 이와 같이 집사들도 정중하고 일구이언을 하지 아니하고 술에 인박하지 아니하고 더러운 이를 탐하지 아니하고(딤전 3:8).

6) 공동체의 정직: 교회가 먼저 정직해야 한다. 재정과 출석 교인수 등에서 정직해야 한다. 교회개혁실천연대 부설 교회문제 상담소 통계에 따르면 교회에서 발생하는 분쟁 유형 중 재정에 관련된 사항이 1위를 차지하였다.

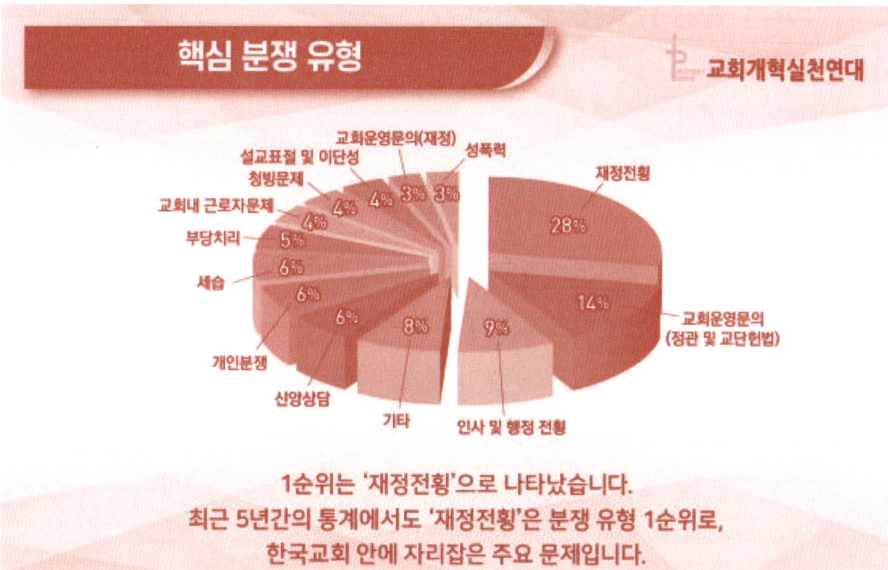

(2019년 교회문제 상담소)

7) 하나님이 아브라함을 택한 이유: 그의 자손들에게 여호와의 바른 가르침을 지키게 하기 위해서 이다.

> 내가 그로 그 자식과 권속에게 명하여 여호와의 도를 지켜 의와 공도를 행하게 하려고 그를 택하였나니 이는 나 여호와가 아브라함에게 대하여 말한 일을 이루려 함이니라(창 18:19).

8) 성경에서 정직한 인물: 정직한 인물이었던 다윗은 인생의 가장 중요한 덕목으로 마음이 올바른 정직임을 깨달았다. 그는 정직하지 않을 때면 하나님께 버림받을 것이라는 두려움을 가지고 정직하게 살게 하였다.

> 이는 다윗이 헷 사람 우리아의 일 외에는 평생에 여호와 보시기에 정직하게 행하고 자기에게 명령하신 모든 일을 이기지 아니하였음이라(왕상 15:5).

정직하지 못한 유혹에서 벗어나기

1) 성령님께 의지

인간의 본성은 부정직하게 되어 있다. 그러나 하나님은 우리가 절대적으로 정직하기를 바라신다. 이것을 지키는 것은 초자연적인 일이다. 따라서 우리 안에 내주하시는 성령의 충만함을 받아서 정직하게 사는 길 밖에 없다.

> 16 내가 이르노니 너희는 성령을 따라 행하라 그리하면 육체의 욕심을 이루지 아니하리라 17 육체의 소욕은 성령을 거스르고 성령은 육체를 거스르나니 이 둘이 서로 대적함으로 너희가 원하는 것을 하지 못하게 하려 함이니라(갈 5:16-17).

2) 부정직한 사람 피하기

주위 사람들이 부정직하면 정직하기가 더 어렵다. 사람이나 조직은 자신들의 기준에 맞는 정직이 있다. 모두 부정직하다고 나도 그렇게 따라하는 것이 아니라 "자신만이라도 그렇게 하지 않아야 할 것 같아서요?"라고 말할 수 있는 용기가 필요하며 이 경우 죄를 지을 가능성이 현저히 떨어진다.

3) 하나님을 경외함

> … 여호와를 경외함으로 말미암아 악에서 떠나게 되느니라(잠 16:6).

부동산 투기, 위장 전입, 이중 급여 수령, 가짜 영수증 처리 등.

4) 부정직한 것은 죄라는 사실을 언제나 인식하며 살자

정직하지 못한 행위를 했을 때는 하나님 앞에 회개하고, 손해를 본 사람과 화해하고 배상해 주어야 한다. 변상은 회개의 구체적 표현이며 잘못을 바로잡는 행위로, 만일 변상이 불가능하다면 하나님께 그 방법을 물어야 한다. 성경을 읽기 위해서 촛불을 훔칠 수 있는가? 그럴 수 없다는 것이 성경의 관점이다.

5) 기도

하나님과 바른 관계를 통해서 나의 마음에 있는 탐욕과 욕심, 부정직을 내보내고 하나님의 말씀에 따른 정직과 의로움으로 채워야 한다.

> 내가 주를 바라오니 성실과 정직으로 나를 보호하소서(시 25:21).

02

정직과 하나님의 복

부정직한 사람이 받게 되는 대가

1) 하나님과 멀어짐: 대저 패역한 자는 여호와께서 미워하시나(잠 3:32).

2) 가족에게 임하는 대가: 이익을 탐하는 자는 자기 집을 해롭게 하나(잠 15:27).

3) 가난의 대가: … 망령되이 얻은 재물은 줄어가고(잠 13:11).

4) 죽음의 저주: 속이는 말로 재물을 모으는 것은 죽음을 구하는 것이라(잠 21:6).

5) 징벌: 가난한 자를 삼키며 땅의 힘 없는 자를 망하게 한 자(암 8:4-7)를 영영 잊지 않으시고 혹독한 징벌을 받게 하심.

정직한 사람들을 향한 축복

1) 하나님과 더욱 친밀한 관계: 정직한 자에게는 그의 교통하심이 있으며(잠 3:32). 하나님의 얼굴을 뵘(시 15:1-2). 정직한 자의 기도를 기뻐하심(잠 15:8).

2) 후손의 축복: 온전하게 행하는 자가 의인이라. 그의 후손에게 복이 있느니라(잠 20:7).

자녀는 유산 상속으로 행복해지는 것이 아니라 부모의 신앙과 정직을 이어 받음으로 행복한 삶이 가능하다. 그러므로 먼저 부모가 정직의 본을 보이자.

3) 삶의 축복: 진실한 입술은 영원히 보전되거니와 거짓 혀는 잠시 동안만 있을 뿐이니라(잠 12:19).

4) 번성함의 축복: 의인의 집에는 많은 보물이 있어도 악인의 소득은 고통이 되느니라(잠 15:6).

5) 정직한 자를 들어 사용하심이 세상에서 복을 주심, 다른 사람을 위한 복의 통로로 범사를 인정해 주심(시 101:6-7).

6) 하나님이 책임져 주시는 삶(시 7:10; 잠 15:9).

7) 시편 112편의 정직한 자의 축복

1. 할렐루야, 여호와를 경외하며 그의 계명을 크게 즐거워하는 자는 복이 있도다 2 그의 후손이 땅에서 강성함이여 정직한 자들의 후손에게 복이 있으리로다 3 부와 재물이 그의 집에 있음이여 그의 공의가 영구히 서 있으리로다 4 정직한 자들에게는 흑암 중에 빛이 일어나나니 그는 자비롭고 긍휼이 많으며 의로운 이로다 5 은혜를

베풀며 꾸어 주는 자는 잘 되나니 그 일을 공의로 하리로다 6 그는 영원히 흔들리지
아니함이여 의인은 영원히 기념하게 되리로다 7 그는 흉한 소문을 두려워하지 아니
함이여 여호와를 의뢰하고 그 마음을 굳게 정하였도다 8 그의 마음이 견고하여 두
려워하지 아니할 것이라 그의 대적들이 받는 보응을 마침내 보리로다 9 그가 재물
을 흩어 빈궁한 자들에게 주었으니 그의 의가 영구히 있고 그의 뿔이 영광 중에 들
리리로다 10 악인은 이를 보고 한탄하여 이를 갈면서 소멸되리니 악인들의 욕망은
사라지리로다.

① 2절: 후손의 축복

② 3절: 재물의 축복

③ 4절: 흑암 중에 비춰지는 축복(승리)

④ 5절: 형통의 축복

⑤ 9절: 높여 주시는 축복

03

부정직과 하나님의 책망

죄를 범한 인물과 대가

1) 가인

그는 아우인 아벨을 죽이고 살인을 범한 상태에서도 하나님의 물음에 거짓으로 대답하였다.

> 8 가인이 그의 아우 아벨에게 말하고 그들이 들에 있을 때에 가인이 그의 아우 아벨을 쳐 죽이니라 9 여호와께서 가인에게 이르시되 네 아우 아벨이 어디 있느냐 그가 이르되 내가 알지 못하나이다 내가 내 아우를 지키는 자니이까?(창 4:8-9).

2) 아간

여리고성 전투에서 승리한 후 하나님의 전리품을 훔쳤다. 그 결과 아이성 전투에서 패배하는 결과를 가져 왔으며, 죄는 아간이 지었지만 하나님은 이스라엘을 심판하셨고 결국은 온 식구들과 비참한 죽음을 맞이하였다.

> 20 아간이 여호수아에게 대답하여 이르되 참으로 나는 이스라엘의 하나님 여호와께 범죄하여 이러이러하게 행하였나이다 22 이에 여호수아가 사자를 보내매 그의 장막에 달려가 본즉 물건이 그의 장막 안에 감추어져 있는데 은은 그 밑에 있는

지라 25 여호수아가 이르되 네가 어찌하여 우리를 괴롭게 하였느냐 여호와께서 오늘날 너를 괴롭게 하시리라 하니 온 이스라엘이 그를 돌로 치고 물건들도 돌로 치고 불사르고(수 7:20, 22, 25).

3) 게하시

엘리아 선지자의 비서이다. 열왕기하 5장을 보면 나아만과의 만남에서 엘리아가 시켜서 온 것처럼 속여 은 한 달란트와 옷 두벌을 요청한다. 나아만은 요청한 액수보다 두 배를 지불했다. 게하시는 윗사람을 속이고 물질을 탐하였다. 그 결과 나병에 걸리게 되었다(왕하 5:20-27).

4) 가룟 유다

신약의 부정직한 인물인 가룟 유다는 돈 궤를 맡은 자로 거기 넣는 것을 훔쳐간 본래 도둑이며 횡령한 자이다(요 12:6). 직책을 준 예수님의 믿음을 저버렸다. 결국 그는 자살하였다. 결론적으로 하나님은 정직과 부정직을 오늘도 살펴보시고 반드시 보응하신다. 정직은 도적질하지 말라, 네 이웃의 집을 탐하지 말지니라와 같이 십계명의 두 계명과도 연관되어 있다. 정직한 부모들의 자녀에게는 복이 있다. 부정으로 얻은 것들은 잠시 달콤할 뿐이다. 부정한 부는 오래가지 못한다. 하나님의 방법대로 해야 한다. 하나님은 정직을 가장 가치 있게 여기시기 때문이다.

2017 한국교회의 사회적 신뢰도 여론조사, 기독교윤리실천운동

◆ 기독교인들의 개선점으로는 '정직'과 '배려' 등 실천적인 삶과 성품에 대한 요구가 높음.

<목회자 개선점>　　<기독교인 사회활동>

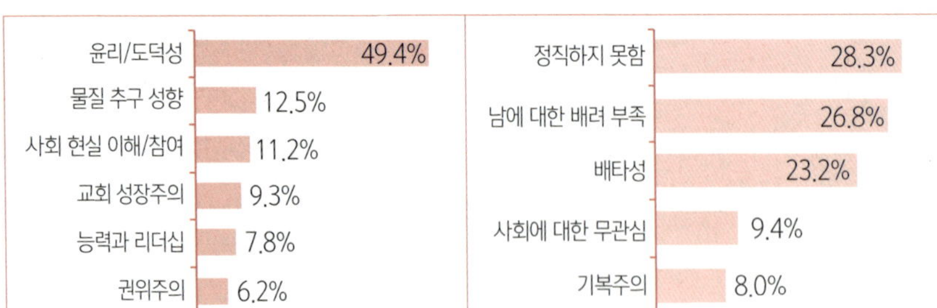

나눔 자료

1. 정직하게 행하다 손해 본 경험이 있습니까? 반대인 경우는 없었습니까? 서로 나누어 보세요.

2. 왜 우리 사회는 정직하게 살기 어렵다고 생각하는지. 그 이유는 무엇인가요?

3. 정직하게 살다가 손해보았다면 하나님께서 갚아 주시리라는 믿음이 있습니까?

4. 우리가 살아가는 이 사회에서 정직하게 하나님의 말씀대로 살 수 있는 방법은 무엇이 있는지 서로 나누어 봅시다. 잠언 14장 2절을 읽으십시오.

5. 말씀에 따르면 하나님을 경외하는 자는 정직할 수밖에 없는데 그렇지 못하다면 그 이유는 무엇이라고 생각하십니까?

6. 나는 정직합니까? 점수로 이야기해보고 정직하지 못하게 하는 원인은 무엇이라고 생각하십니까?

7. 잠언 3장 22절을 읽고 정직하면 하나님과 교통할 수 있다는 의미는 무엇입니까?

실천 과제 적용하기

부채 상환 리스트 작성

-
-
-
-
-
-
-

참고자료

❖ 한 경관이 길거리에 버려진 자전거를 주인에게 찾아 주었다. 주인이 답례 차원에서 음료수 값으로 2,500원 안팎의 돈을 건넸다. 이 돈은 받아도 될까?
(핀란드 67만 원 벌금, 우리나라 95.8% 음료수 정도는 받아도 된다).

❖ 국민 4명 중 1명 "10억을 준다면 위법행위를 할 수 있다"(현대경제연구원).

❖ "생도는 거짓말, 부정행위, 도둑질을 하지 않으며 그런 행동을 하는 이들을 용납하지 않는다(A cadet will not lie, cheat, steal or tolerate those who do)." 미국 육군사관학교인 웨스트포인트 서약.

❖ 사사기 17장 6절
그 때에는 이스라엘에 왕이 없었으므로 사람마다 자기 소견에 옳은 대로 행하였더라.

❖ 충격적 통계
가게의 물건을 슬쩍 훔치는 미국인이 1년에 2천 3백만명, 금액은 10조.

❖ 백만 장자 마인드
성공한 요인 가운데 열심히 일했기 때문은 5위인 반면, 1위는 정직이었다.

❖ 부자에게는 특별한 법칙이 있다
하나님을 섬기고 올바르고 정직하게 열심히 살아가는 삶의 자세와, 이웃과 남을 배려하는 마음이 있다.

❖ 우리 사회가 부패하다는 비율

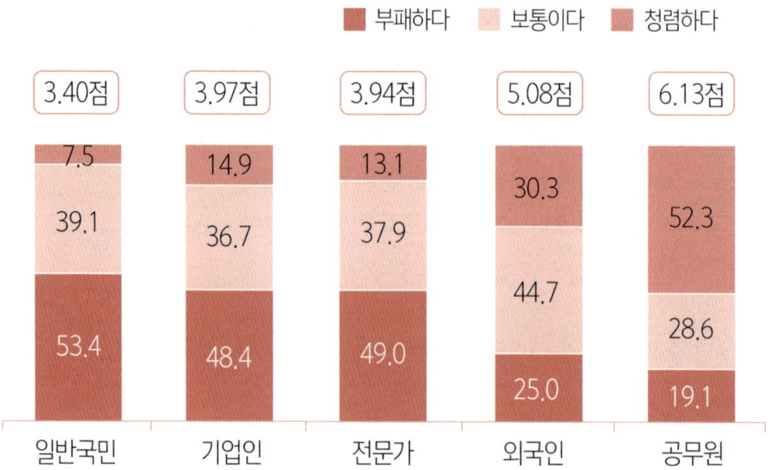

(출처: 국민권익위원회, 2018년 부패 인식도 조사)

청렴도 인식 수준을 10으로 할 경우 일반 국민의 인식은 3.4로 매우 낮았다.

❖ 국제투명성기구(TI): 독일 베를린에 본부를 두고 있고, 세계 100여개 국에 지부를 두고 있는 글로벌 반부패 NGO.

❖ 부패인식지수(CPI): 국제투명성기구(TI)가 매년 발표하는 각 나라별 부패 인식지수.

제5강

드림과 나눔

각각 그 마음에 정한 대로 할 것이요
인색함으로나 억지로 하지 말지니
하나님은 즐겨 내는 자를 사랑하시느니라
(고후 9:7)

주라 그리하면 너희에게 줄 것이니
곧 후히 되어 누르고 흔들어 넘치도록 하여
너희에게 안겨 주리라
너희가 헤아리는 그 헤아림으로
너희도 헤아림을 도로 받을 것이니라
(눅 6:38)

01

성경의 드림과 나눔

성경은 "주는 것이 받는 것보다 복이 있다"(행 20:35)고 이야기 하고 있으며, 예수님이 주신 새 계명의 핵심은 "하나님을 사랑하고 이웃을 사랑하라"이다. 이 사랑은 말로나 혀로만 하는 사랑이 아니라 행동으로 하는 것이다. 성경에서는 이 사랑의 표현에 대해 너희 재물이 있는 곳에 너희 마음도 있다(눅 12:34)고 말하고 있다. 그러므로 하나님은 '드림'과 '나눔'을 동해 우리의 사랑을 확인하신다.

성경에서 드림과 나눔의 원리는 주라(Give)이다. 여기에는 조건이 없으며 예외인 사람도 없다. 나는 가난하기에 줄 것이 없다고 생각해서는 안 된다. 그러므로 모든 사람은 조건 없이 주어야 한다. 이는 또한 주는 것을 자신의 계속적인 생활로 삼으라는 의미가 있다. 이는 의무가 아닌 기쁨으로 드리는 것을 말하며, 받는 것이 주는 것의 조건이 되어서는 안 된다.

주라는 것은 명령이고 이 명령을 이행하는 자에게 하나님은 약속하신다. 주는 자는 그가 준 것보다 더 많이 받는다. "곧 후히 누르고 흔들어 넘치도록" 주신다고 약속하셨다(눅 6:38). 이런 사람들을 통해서 하나님이 꿈꾸는 사회는 굶주림이 없고, 헐벗고, 소외받는 사람이 없는 세상이 이루어지길 바라시기 때문이다.

“너희는 먼저 그의 나라와 그의 의를 구하라 그리하면 이 모든 것을 너희에게 더 하시리라”(마 6:33)는 말씀 중에서 그의 의, 즉 하나님의 사랑, 긍휼, 정의, 섬김, 나눔과 섬김을 위해 구할 때 하나님께서 풍족하게 공급해 주신다는 약속이다.

드림과 나눔이 어려운 것은 소유물을 내 것으로 주장하고 싶은 유혹 때문이다.

‘나눔’과 ‘드림’을 잘 하기 위해서는 우리가 가진 모든 것은 하나님의 소유라는 사실을 인정하고 하나님 나라를 위한 사용에 기꺼이 내어 놓아야 한다는 인식을 가져야 한다.

나눔과 드림의 시작

1) 나눔의 시작

10 강이 에덴에서 흘러 나와 동산을 적시고 거기서부터 갈라져 네 근원이 되었으니
11 첫째의 이름은 비손이라 금이 있는 하윌라 온 땅을 둘렀으며 12 그 땅의 금은 순
금이요 그 곳에는 베델리엄과 호마노도 있으며(창 2:10-12).

에덴동산에서 물을 흘려보낼 때 사막인 하윌라 땅을 적시고 그 결과 모든 좋은 것들을 자라게 하며 귀한 것이 되게 하는 것이다. 흘려보내지 않으면 사막화는 더 심화되고 모든 생물은 죽게 되는 것이다.

나눔은 에덴동산에서 시작되었고 또한 남자의 갈비뼈를 나눠 돕는 배필을 지으신 것도 마찬가지다. 둘이 한 몸이라는 것은 공간적인 의미도 되지만, 부족한 부분을 채워 줌으로 온전함에 이르는 것이고, 이처럼 서로가 부족한 부분을 채워주는 행위를 나눔이라고 한다. 이는 창조 질서이고 하나님이 주신 삶의 원리이다

2) 드림의 시작

18 살렘 왕 멜기세덱이 떡과 포도주를 가지고 나왔으니 그는 지극히 높으신 하나님
의 제사장이었더라. 19 그가 아브람에게 축복하여 이르되 천지의 주재이시요 지극
히 높으신 하나님이여 아브람에게 복을 주옵소서 20 너희 대적을 네 손에 붙이신
지극히 높으신 하나님을 찬송할지로다 하매 아브람이 그 얻은 것에서 십분 일을 멜
기세덱에게 주었더라(창 14:18-20).

모세 율법이 제정되기 400년 전의 일로 아브라함은 1/10을 자발적으로 드렸다.

드림과 나눔의 태도

이와 같이 드림과 나눔은 구약시대 뿐만 아니라 신약시대에도 중요한 규율이었다.

오지 선을 행함과 서로 나누어 주기를 잊지 말라 하나님은 이같은 제사를 기뻐하시느니라(히 13:16).

하나님은 나눔에 대한 태도를 바탕으로 우리 행동을 평가하신다. 또한 드림과 나눔에서 중요한 원리는 재물이 많은 곳에서 가난한 곳으로 흘러가는 평균의 원리이다.

14 이제 너희의 넉넉한 것으로 그들의 부족한 것을 보충함은 후에 그들의 넉넉한 것
으로 너희의 부족한 것을 보충하여 균등하게 하려 함이라 15 기록된 것 같이 많이
거둔 자도 남지 아니하였고 적게 거둔 자도 모자라지 아니하였느니라(고후 8:14-15).

1) God First: 우리가 하나님께 먼저 드리고 하나님의 사랑을 나눔을 통해 실천하는 것은, 창조주이자 주권자이시며 신실하신 공급자이신 하나님을 높이는 예배 행위이다.

2) 기쁨으로 드림: "각각 그 마음에 정한 대로 할 것이요 인색함으로나 억지로 하지 말지니 하나님은 즐겨 내는 자를 사랑하시느니라"(고후 9:7). 기쁘게 드릴 수 있는 방법은 자신을 주께 먼저 드리고 하나님의 뜻에 따라 환란, 시련, 극심한 가난 가운데서도 능력 이상으로 자원해서 드림(고후 8:1-5)이다. "… 긍휼을 베푸는 자는 즐거움으로 할 것이니라"(롬 12:8).

3) 얼마를 드려야 하나(양의 문제): 진정으로 하나님이 주인이심을 인정한다면 질문이 바뀌어야 한다. 즉 "얼마를 드릴까요?가 아니라 내가 얼마를 소유하면 될까요?"가 되어야한다. 십의 일조는 기본적으로 드리고 하나님이 주시는 축복과 인도에 따라 더 많이 드린다. 구약시대는 자기 소득의 23.3%를 드렸다.

4) 드리는 방법

① 정기적으로 드린다. 마음 내키는 대로 드림과 나눔을 하면 안 된다. 한 달은 드리다가 두 달째는 빼고, 휴가 중에는 드리지 않고 시험을 앞두면 많이 드리는 것은 올바른 태도가 아니다. "매주 첫날에 너희 각 사람이 수입에 따라 모아두어서 내가 갈 때에 연보를 하지 않게 하라(고전 16:2).

② 우선적으로 드린다. 최고의 것과 첫 번째 것을 드린다. "네 재물과 네 소산물의 처음 익은 열매로 여호와를 공경하라"(잠 3:9).

③ 자발적으로 드린다. "각각 그 마음에 정한 대로 할 것이요 인색함으로나 억지로 하지 말지니 하나님은 즐겨 내는 자를 사랑하시느니라"(고후 9:7).

④ 마게도니아 교인들처럼 희생적으로 드린다. "2 환난의 많은 시련 가운데서 그들의 넘치는 기쁨과 극심한 가난이 그들의 풍성한 연보를 넘치도록 하게 하였느니라 3 내가 증거하노니 그들이 힘대로 할 뿐 아니라 힘에 지나도록 자원하여"(고후 8:2-3)

⑤ 풍성하게 드려라. "오직 너희는 믿음과 말과 지식과 모든 간절함과 우리를 사랑하는 이 모든 일에 풍성한 것 같이 이 은혜에도 풍성하게 할지니라"(고후 8:7).

⑥ 은밀하게 드려라. "1 사람에게 보이려고 그들 앞에서 너희 의를 행하지 않도록 주의하라 그리하지 아니하면 하늘에 계신 너희 아버지께 상을 얻지 못하느니라 2 그러므로 구제할 때에 외식하는 자가 사람에게서 영광을 받으려고 회당과 거리에서 하는 것 같이 너희 앞에 나팔을 불지 말라 진실로 너희에게 이르노니 그들은 자기 상을 이미 받았느니라 3 너는 구제할 때에 오른손이 하는 것을 왼손이 모르게 하여 4 네 구제함을 은밀하게 하라 은밀한 중에 보시는 너의 아버지가 갚으시리라(마 6:1-4).

⑦ 기도하고 드린다. 준비된 헌금을 드린다. 드리려는 마음이 생길 때 공급의 통로가 생긴다(순서는, 즉 드리는 마음 - 행함 - 공급하심이다).

⑧ 기쁨으로 드린다. "백성들은 자원하여 드렸으므로 기뻐하였으니 곧 그들이 성심으로 여호와께 자원하여 드렸으므로 다윗 왕도 심히 기뻐하니라"(대상 29:9).

하나님이 받지 않으시는 헌금

1) 불순종 가운데 드려지는 헌금
2) 준비가 안 된 헌금
3) 조건적인 헌금: 하나님께 크게 한번 헌금을 할 테니 이번 사업이 성공할 수 있도록 도와주십시오.
4) 기분대로 하는 헌금: 목사님 말씀이 별로 은혜가 안 되서 헌금 하지 않음
5) 비교해서 내는 헌금
6) 떳떳하지 못한 헌금: 부정하게 번 돈, 창기와 개 같이 더러운 소득(신 23:18).
7) 쓰고 남은 돈으로 드리는 헌금
8) 의무감
9) 자신의 의를 드러내거나 칭찬 받으려고 한 헌금
10) 억지나 인색함으로 드리는 헌금

02

십일조와 헌금

십일조

십일조는 하나님을 경외하는 구체적인 행위이며, 드림의 결승점이 아니라 출발점이지만 우리는 여전히 출발하는 데 어려움이 있어 보인다.

1) 개념

수입이 100만 원이면 십의 일조는 10만 원이다. 이것은 산술적으로 정답이지만 성경의 십일조 개념과는 차이가 있다.

히브리어 숫자 1은 첫 것, 만물, 장자, 그리고 나머지를 대신한다는 대표성을 말한다. 영적인 기초 위에 열 가지의 첫 것, 즉 만물의 장자를 드린다는 것은 숫자를 넘어서서 나머지를 대표한다는 뜻이다(즉 나머지도 모두 드려야 하지만 그를 대신하여 대표로 드린다는 의미이다). 그러므로 남은 것도 하나님 앞에 드린 것처럼 하나님의 뜻에 합당하게 사용해야 한다.

십일조는 돈의 문제가 아니며 율법의 문제는 더더욱 아닌 감사의 정신이 담겨 있으므로, 이 모든 것이 하나님의 은혜라는 신앙고백이다. 무엇을 드려서 받으려는 것이 아니라 이미 주신 것에 감사해서 드리는 신앙고백이다. 우리가 하나님을 최우선으로 생각하고 있느냐의 문제이며 믿음의 표현이고, 하나님을 경외하는가?에 대한 대답이다.

> 네 하나님 여호와 앞 곧 여호와께서 그의 이름을 두시려고 택하신 곳에서 네 곡식과 포도주와 기름의 십일조를 먹으며 또 네 소와 양의 처음 난 것을 먹고 네 하나님 여호와 경외하기를 항상 배울 것이니라(신 14:23).

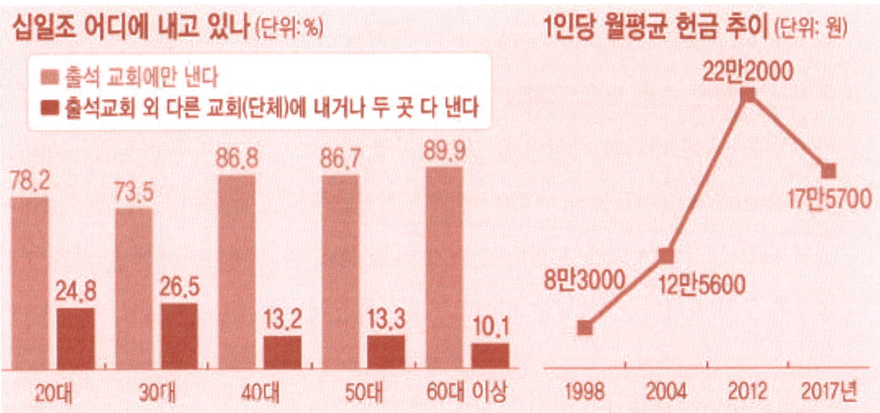

〈자료: 한국기독교목회자협의회〉

2) 구약의 십일조

히브리어로 십일조를 뜻하는 마하세르는 구약에 32번 등장한다. 무엇의 십의 일(겔 45:11, 14), 소득의 십분의 일에 대한 헌금(창 14:20; 느 10:37; 대하 31:5-6; 암 4:4; 말 3:8) 등으로 쓰였다.

이스라엘의 십일조 규례는 율법이 제정되기 400년 전부터 전해내려 왔으며 이후 모세 율법으로 십일조가 제정되었다. 모세오경에 나타난 십일조를 보면 아브라함의 십일조(창 14:17-24), 야곱의 십일조 서원(창 28:18-22), 레위기의 십일조(레 27:26-33), 민수기의 십일조(민 18:28-29; 28:26-29), 신명기의 십일조(신 12:6-19; 26:1-5) 등이 있다. 이 밖에도 왕정시대 십일조(삼상 8:10-18), 바벨론 포로 이후 십일조(말 3:8-10). 가난한 사람들을 위한 십일조(신 14:22-29; 26:12-15) 등이 있다.

3) 말라기의 십일조 개념

7 만군의 여호와가 이르노라 너희 조상들의 날로부터 너희가 나의 규례를 떠나 지
키지 아니하였도다 그런즉 내게로 돌아오라 그리하면 나도 너희에게로 돌아가리라
하였더니 너희가 이르기를 우리가 어떻게 하여야 돌아가리이까 하도다 8 사람이 어
찌 하나님의 것을 도적질하겠느냐 그러나 너희는 나의 것을 도적질하고도 말하기를
우리가 어떻게 주의 것을 도적질하였나이까 하는도다 이는 곧 십일조와 봉헌물이
라 9 너희 곧 온 나라가 나의 것을 도적질하였으므로 너희가 저주를 받았느니라 10
만군의 여호와가 이르노라 너희의 온전한 십일조를 창고에 들여 나의 집에 양식이
있게 하고 그것으로 나를 시험하여 내가 하늘 문을 열고 너희에게 복을 쌓을 곳이
없도록 붓지 아니하나 보라(말 3:7-10).

① 시대적 배경: 사사시대가 지나고 왕정시대가 도래했을 때 히스기야 왕의 아들 므낫세 시대에 불순종이 극에 달함, 형식적인 예배, 흠이 있는 예물, 약한 자의 것을 수탈하며 조강지처를 버리는 일, 십일조를 드리지 않는 등 율법과 규례를 하나도 지키지 않았으며, 하나님을 떠난 이스라엘 백성들의 삶은 점점 피폐해져갔다. 그렇기 때문에 이스라엘 백성들이 하나님께 돌아오고 싶은 마음이 생겨 그 방법을 물어본 것이다. 이때가 기원전 450년경인데 하나님이 구약의 마지막 선지자인 말라기 선지자를 통해 그 답을 주신 말씀이다.

② 하나님의 약속: 나에게로 돌아오면 나도 너희에게로 돌아갈 것이다. 나 여호와는 변하지 아니하나니 그러므로 야곱의 자손들아 너희가 소멸하지 아니하느니라. 너희는 언약 백성이기 때문이다.

③ 돌아올 수 있는 방법을 제시하심: 하나님께로 돌아올 수 있는 방법 중에서 모든 계명을 전부 지킨 후에 돌아오기는 어렵기 때문에, 옛날 너희 조상들이 했던 일 중에서 가장 쉬운 규례 중 하나인 십일조를 제시하였다. 십일조의 규례를 지킨다는 것은 언약 백성으로서의 관계가 지속되는 것이고 아브라함의 복을 계속 받게 되는 것이며, 십일조를 하지 않는다는 것은 하나님과 언약의 관계를 일방적으로 내가 파기한 것이고 하나님을 떠난 삶이기 때문에, 당연히 고통 가운데 있을 수밖에 없다.

④ 주의점: 십일조를 단순히 축복과 저주의 이분법적인 사고로 이해하는 것은 십일조 정신을 왜곡하는 일이다. 또 십일조로 하나님을 시험하는 행위는 하나님의 참 뜻을 알지 못하는 행위다. 여기서 시험해 보라는 의미는 십일조 행위를 통해서 나를 믿고 나에게 돌아오면 너희와 나와의 약속, 너희의 조상 아브라함과 약속한 그 복이 회복이 되는 것으로 받아들이는 것이 합당하다. 성서에서 하나님을 시험하는 것은 무서운 죄이다. 사람이 시험을 받을 때에 내가 하나님께 시험을 받는다 하지 말지니 하나님은 악에게 시험을 받지도 아니하시고 친히 아무도 시험하지 아니하시느니라(약 1:13).

4) 신약의 십일조

① 예수님이 말씀하신 십일조: 바리새인들이 세금문제를 가지고 예수님을 골탕먹이려 할 때 예수님께서는 이렇게 말씀하셨다.

> 이르되 가이사의 것이니이다 이에 이르시되 그런즉 가이사의 것은 가이사에게, 하나님의 것은 하나님께 바치라 하시니(마 22:21).

여기서 하나님의 것은 무엇인가? 성경에서 그 답을 찾아보면 땅의 십분 일 곧 땅의 곡식이나 나무의 과실이나 그 십분 일은 여호와의 것이니 여호와께 성물이라(레

27:30). 또 마태복음에서 예수님께서 십일조에 대해 언급하신 내용을 보면

> 화 있을찐저 외식하는 서기관들과 바리새인들이여 너희가 박하와 회향과 근채의 십일조는 드리되 율법의 더 중한 바 정의와 긍휼과 믿음은 버렸도다 그러나 이것도 행하고 저것도 버리지 말아야 할지니라(마 23:23).

여기서 이것은 의, 긍휼, 믿음이고, 저것은 박하와 회향과 근채의 십일조를 말하는 것으로 바리새인들의 외식적인 행동을 책망하시면서 하신 말씀으로, 형식적 십일조와 실제적 십일조를 대비시켜 이야기하신 것으로 보아 예수님 시대에도 십일조를 드리는 전통이 남아 있었다고 볼 수 있다.

② 바리새인들의 기도에 나타난 십일조

> 나는 이레에 두 번씩 금식하고 또 소득의 십일조를 드리나이다 하고(눅 18:12).

바리새인들은 그들이 성전에서 드린 십일조를 자랑했지만 예수님은 이를 칭찬하지 않으셨다.

③ 히브리서에 나타난 십일조(히 7:1-10)

> 1 이 멜기세덱은 살렘 왕이요 지극히 높으신 하나님의 제사장이라 여러 왕을 쳐서
> 죽이고 돌아오는 아브라함을 만나 복을 빈 자라 2 아브라함이 모든 것의 십분의 일
> 을 그에게 나누어 주니라 그 이름을 해석하면 먼저는 의의 왕이요 그 다음은 살렘
> 왕이니 곧 평강의 왕이요 3 아버지도 없고 어머니도 없고 족보도 없고 시작한 날도
> 없고 생명의 끝도 없어 하나님의 아들과 닮아서 항상 제사장으로 있느니라 4 이 사
> 람의 얼마나 높은 것을 생각해 보라 조상 아브라함이 노략물 중 십분의 일을 그에
> 게 주었느니라 5. 레위의 아들들 가운데 제사장의 직분을 받는 자들은 율법을 따라

아브라함의 허리에서 난 자라도 자기 형제인 백성에게서 십분의 일을 취하라는 명
령을 받았으나 6 레위 족보에 들지 아니한 멜기세덱은 아브라함에게서 십분의 일을
취하고 약속을 받은 그를 위하여 복을 빌었나니 7 논란의 여지 없이 낮은 자가 높은
자에게서 축복을 받느니라 8 또 여기는 죽을 자들이 십분의 일을 받으나 저기는 산
다고 증거를 얻은 자가 받았느니라 9 또한 십분의 일을 받는 레위도 아브라함으로
말미암아 십분의 일을 바쳤다고 할 수 있나니 10 이는 멜기세덱이 아브라함을 만날
때에 레위는 아직 자기 조상의 허리에 있었음이니라.

④ 신약시대의 신자들은 물질뿐만 아니라 자기 자신도 주님의 소유라고 생각했다

우리가 살아도 주를 위하여 살고 죽어도 주를 위하여 죽나니 그러므로 사나 죽으나 우리가 주의 것이로라(롬 14:8).

5) 십일조 정신

① 십일조의 율법은 완전히 폐지된 것이 아니라 하나님과 이웃에 대한 사랑의 법(마 22:37-38)으로 바뀌었다. 십일조는 율법 이전의 감사 예물이고, 십일조는 레위인과 고아와 과부를 위해 쓰였다.

② 신약에서도 과부를 존대하고 잘 보호하라고 당부(딤전 5:3, 9, 16)한다. 그러므로 오늘날 교회도 성도들이 드린 십일조와 헌물을 불우한 형제자매 이웃을 위해 상당 부분을 사용해야 한다.

③ 우리가 십일조와 헌물을 드린다는 것은 이러한 사랑의 표시를 실천하는 것이다.

④ 십일조는 헌금의 양을, 첫 열매는 헌금의 속성을 의미한다.

⑤ 십일조를 통해 맘몬의 영에게 나는 너를 인정하지도 섬기지도 않는다고 선언하는 것이다.

⑥ 십일조는 하나님을 우리의 삶에 첫째로 두는 훈련을 시키기 위한 하나님의 의도하심이다.

03

드림과 나눔의 축복

드림과 나눔의 열매

1) 주님과 영적으로 교통하는 삶

2) 재물의 참된 소유주인 하나님을 인정하는 믿음

드림과 나눔은 하나님 앞에 재물을 내려놓는 행위이며, 나는 맘몬을 섬기는 것이 아니라 하나님을 나의 주인으로 모신다는 고백이다. "네 보물이 있는 곳에 네 마음이 있다"는 말씀에 따라 하나님께 드리는 것이다. 그러므로 저는 물질은 드리지 않고 마음만 드리겠습니다라는 것은 하나님을 속이려는 행위이다.

3) 십일조는 회개의 가장 좋은 표현이고 하나님과의 관계가 회복된다

4) 하나님 백성으로의 구별됨을 선포하는 것이다

5) 그리스도의 사랑을 몸으로 실천하는 것, 그리스도를 아는 즐거움에 참여하는 것이다

6) 우리의 인격이 하나님의 형상을 닮아가는 증표이다. 이기적인 우리가 주님과 같이 이타적으로 변화된다

7) 하나님나라 확장에 참여하게 된다

8) 하늘에 쌓이고 땅에서 풍요(마 6:21)함을 누린다

우리는 이 땅을 떠날 때 재물을 가지고 갈 수는 없지만 하늘나라에 재물을 쌓아 둘 수는 있다. 주린 자에게 먹을 것을 주고 목마른 자에게 마실 것을 주고, 벌거벗은 자에게 입을 것을 주는 것이 하늘 창고에 보물을 쌓는 방법이다. 우리가 가난한 사람을 도와주면 여호와 하나님이 우리에게 빚을 지게 되는 것이라고 말씀하신다.

> 가난한 자를 불쌍히 여기는 것은 여호와께 꾸어 드리는 것이니 그의 선행을 그에게 갚아 주시리라 (잠 19:17).

주는 자는 복 있는 사람이다. 힘을 다하여 주자 그리하면 하나님이 채워주실 것이다.

9) 나누면 기도 응답 및 복을 받는다

> 7 또 주린 자에게 네 양식을 나누어 주며 유리하는 빈민을 집에 들이며 헐벗은 자를 보면 입히며 또 네 골육을 피하여 스스로 숨지 아니하는 것이 아니겠느냐 8 그리하면 네 빛이 아침 같이 비칠 것이며 네 치료가 급속할 것이며 네 공의가 네 앞에 행하고 여호와의 영광이 네 뒤에 호위하리니 9 네가 부를 때에는 나 여호와가 응답하겠고 네가 부르짖을 때에는 말하기를 내가 여기 있다 하리라 만일 네가 너희 중에서 멍에와 손가락질과 허망한 말을 제하여 버리고 10 주린 자에게 네 심정이 동하며 괴로워하는 자의 심정을 만족하게 하면 네 빛이 흑암 중에서 떠올라 네 어두움이 낮과 같이 될 것이며(사 58:7-10).

10) 가난한 자를 보살피는 자 치유와 복을 주신다

시편에서는 놀랍고 엄청난 약속을 하신다. 그럼에도 불구하고 오늘날 대부분의 그리스도인들이 가난한 자들을 돕지 못하는 것은 맘몬에 묶여 있기 때문이다.

> 1 가난한 자를 보살피는 자에게 복이 있음이여 재앙의 날에 여호와께서 그를 건지
> 시리로다 2 여호와께서 그를 지키사 살게 하시리니 그가 이 세상에서 복을 받을 것
> 이라 주여 그를 그 원수들의 뜻에 맡기지 마소서 3 여호와께서 그를 병상에서 붙드
> 시고 그가 누워 있을 때마다 그의 병을 고쳐 주시나이다(시 41:1-3).

11) 진짜 보물을 발견한자는 행복하다

> 천국은 마치 밭에 감추인 보화와 같으니 사람이 이를 발견한 후 숨겨 두고 기뻐하여 돌아가서 자기의 소유를 다 팔아 그 밭을 사느니라(마 13:44).

진짜 보물을 발견하지 못하면 가짜 보물에 인생을 걸게 되는 것이다.

드리고 나누는 자에 대한 하나님의 공급

하나님께서 주신 물질을 복음을 위해 계속 사용하면 할수록 더 채워 주신다.

1) 더욱 풍족하고 윤택하게 된다

> 24 흩어 구제하여도 더욱 부하게 되는 일이 있나니 과도히 아껴도 가난하게 될 뿐
> 이니라 25 구제를 좋아하는 자는 풍족하여질 것이요 남을 윤택하게 하는 자는 윤
> 택하여지리라(잠 11:24-25).

2) 주면 줄수록 더욱 부하게 된다

주라 그리하면 너희에게 줄 것이니 곧 후히 되어 누르고 흔들어 넘치도록 하여 너희에게 안겨 주리라 너희가 헤아리는 그 헤아림으로 너희도 헤아림을 도로 받을 것이니라(눅 6:38).

3) 심고 거두는 법칙(고후 9:6, 8)

적게 심는 자는 적게 거두고 많이 심는 자는 많이 거둔다. 하나님은 우리가 보유한 씨앗을 증식시켜 주는 것이 아니라 우리가 심은 씨앗을 증식시켜 주신다. 그리고 하나님이 씨앗을 주신 이유는 심으라는 것이다.

① 심는 것: 내가

② 자라게 하는 분: 하나님

③ 열매를 거두는 것: 나

④ 씨가 자랄 수 있는 유일한 원리: 죽는 것

⑤ 인류 구원에도 심고 거두는 원리가 적용된다: "내가 진실로 진실로 너희에게 이르노니 한 알의 밀이 땅에 떨어져 죽지 아니하면 한 알 그대로 있고 죽으면 많은 열매를 맺느니라"(요 12:24).

4) 하나님이 갚아 주심

가난한 자를 불쌍히 여기는 것은 여호와께 꾸어 드리는 것이니 그의 선행을 그에게 갚아 주시리라(잠 19:17).

5) 하나님이 주심

① 어려운 사람을 도우면 하나님이 공급해 주신다.

가난한 자를 구제하는 자는 궁핍하지 아니하려니와 못 본 체하는 자에게는 저주가 크리라(잠 28:27).

② 대가 없는 나눔은 하나님이 갚아주신다

12 또 자기를 청한 자에게 이르시되 네가 점심이나 저녁이나 베풀거든 벗이나 형제나 친척이나 부한 이웃을 청하지 말라 두렵건대 그 사람들이 너를 도로 청하여 네게 갚음이 될까 하노라 13 잔치를 베풀거든 차라리 가난한 자들과 몸 불편한 자들과 저는 자들과 맹인들을 청하라 14 그리하면 그들이 갚을 것이 없으므로 네게 복이 되리니 이는 의인들의 부활시에 네가 갚음을 받겠음이라 하시더라(눅 14:12-14).

③ 아낌없는 마음으로 베푸는 구제는 반드시 복을 주신다

너는 반드시 그에게 줄 것이요, 줄 때에는 아끼는 마음을 품지 말 것이니라 이로 말미암아 네 하나님 여호와께서 네가 하는 모든 일과 네 손이 닿는 모든 일에 네게 복을 주시리라(신 15:10).

드림과 나눔이 없을 때

1) 기도의 응답이 없다

귀를 막고 가난한 자가 부르짖는 소리를 듣지 아니하면 자기가 부르짖을 때에도 들을 자가 없으리라(잠 21:13).

2) 소돔같이 진노의 유황불로 멸망한다

네 아우 소돔의 죄악은 이러하니 그와 그 딸들에게 교만함과 식물의 풍족함과 태평함이 있음이며 또 그가 가난하고 궁핍한 자를 도와주지 아니하며(겔 16:49).

3) 저주가 임함(잠 28:27)

4) 거지 나사로와 부자, 그리고 부자 청년의 이야기에서 부자와 부자 청년의 잘못은 나누지 않은 데 있다.

삶 가운데 궁핍이 왔을 때

1) 드림과 나눔을 외면해서는 안 된다

나누고 베풀고 드리면 우리가 복을 받아 부족함이 없게 될 것이다.

2) 어려움 가운데 헌금의 액수를 줄이는 것은 물질적 시험에 실패하는 것이다

41 예수께서 헌금함을 대하여 앉으사 무리가어떻게 헌금함에 돈 넣는가를 보실새
여러 부자는 많이 넣는데 42 한 가난한 과부는 와서 두 렙돈 곧 한 고드란트를 넣는
지라 43 예수께서 제자들을 불러다가 이르시되 내가 진실로 너희에게 이르노니 이
가난한 과부는 헌금함에 넣는 모든 사람보다 많이 넣었도다 44 그들은 다 그 풍족
한 중에서 넣었거니와 이 과부는 그 가난한 중에서 자기 모든 소유 곧 생활비 전부
를 넣었느니라 하셨더라(막 12:41-44).

나눔의 부요 시스템

모아도 부자가 되기 어려운 세상에 나눔으로 부요하게 된다는 것은 허황되고 모순된 이론처럼 보인다. 세상의 방법으로는 이해가 되지 않는 논리이지만 이것이 감추어진 보화이며 하나님의 비밀이다.

1) 하나님의 경제 = 소유와 경영 분리 소유자: 하나님, 경영자: 청지기인 나

2) 청지기의 임무: 맡겨진 재물을 잘 사용하는 것

3) 입금 방법: 드림과 가난한 이웃을 위해 나눔으로

4) 보장내용

수익 보장	위험 보장	이자
100배	좀, 동록, 도적 없음	하나님이 직접 갚아 주심

5) 예외

① 사랑으로 하지 않고 의무감, 받을 목적으로 한 것

② 의를 드러내고 칭찬 받으려 한 것

③ 억지로 인색하게 번 것

④ 더러운 재물 , 불순종으로 드린 재물

드림과 나눔의 효과

행복한 부자	사랑 공동체	믿음	복
하나님이 축복의 통로로 쓰시는 행복한 부자	서로 사랑하며 섬기는 공동체	그리스도의 장성한 분량에까지 이르는 성장, 성숙	형통과 영생

결론적으로 드림과 나눔의 법칙은 세상의 경제학과는 반대 개념이지만, 이는 하나님의 경제로 훨씬 더 정확하고 정교하며 이 법칙에 따르면 실패가 없다. 생각해 보자. 일용할 양식과 생활비가 부족한 가난한 그리스도인에게 돈을 빌려줘야 하는가? 이런 경우에 하나님은 거저 주라고 말씀하신다.

가난한 자를 불쌍히 여기는 것은 여호와께 꾸어 드리는 것이니 그의 선행을 그에게 갚아 주시리라(잠 19:17).

나눔 자료

마가복음 14장 1-9절을 읽으세요

1. 주님을 향한 온전한 헌신을 방해하는 것은 무엇입니까?

2. 내가 하나님께 드릴 수 있는 옥합은 무엇인가요?

3. 드린 사람의 유익은 무엇인가요? 성경에서 찾아보세요. 말라기 3장 8-12절을 읽으세요.

4. 십일조의 진정한 의미에 대한 당신의 생각은 무엇입니까?

5. 우리가 십일조를 드리지 않을 때 하나님은 어떻게 생각하실까요?

6. 고린도후서 8장 1-5절에서 드림의 원리를 찾아보고 서로 나누어 보세요.

7. 현재 당신의 드림과 나눔 생활을 이야기해 봅시다.

실천 과제 적용하기

가계부 작성

날짜	수입/지출	금액	내역
합계			

참고자료

❖ 하월라
- 아리비아 사막

❖ 십일조 23.3% 내역
-레위인과 제사장을 위한 십일조
-한 해 동안 베풀어 주신 풍성에 대한 감사 십일조
-3년에 한번 고아, 과부, 나그네 구제를 위한 십일조

❖ 하나님의 속성
1) 헤세드(仁, 은혜)
2) 미쉬파트(信, 합법적인, 바른): justice
3) 체다카(義, 옳은): right

❖ 하나님의 공급 법칙

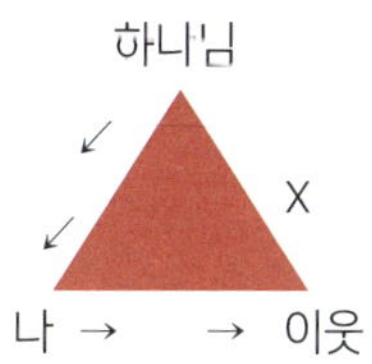

하나님께서 부족한 부분을 공급해 주시기보다는 나를 통해 공급한 것을 이웃과 나누기를 원한다. 이것이 이웃을 네 몸처럼 사랑하라는 하나님의 계명을 지키는 일이기 때문이다.

❖ 헤렘(Cherem)
히브리어로 '온전히 바치다, 진멸하다'는 뜻이 있다. 여러 가지 해석이 있을 수 있지만 십일조에 헤렘 개념을 도입하면 온전히 바치는 경우에는 복을 주시지만, 그 반대의 경우에는 해를 당한다. 십일조는 종자이기 때문에 뿌리면 100배의 결실을 맺지만, 먹으면 굶어 죽는다.

❖ 십일조에 대한 일반적인 의문들

1) 십일조는 구약의 율법인데 꼭 지켜야 하나?

2) 십일조를 안하면 구원을 받지 못 하는가?

3) 십일조를 배우자가 반대하는데 어떻게 해야 하나?

4) 십일조를 내기에는 나의 부채가 너무 많은데 그래도 내야 하나?

5) 파산했는데 십일조 해야 하나?

6) 십일조를 하면 생활비가 없는데 어떻게 해야 하나?

❖ 마하세르

십일조를 뜻하는 히브리어로 숫자 10을 뜻하는 아사르에서 파생되었다.

❖ 히브리어 숫자 이야기

1: 히브리서 숫자의 시작, 시작, 근원 , 일치, 장자, 첫 것

3: 성부, 성자, 성령, 하늘의 수

4: 동, 서, 남, 북, 땅의 수

7: 완전수

10: 전체, 완벽한 하나님의 질서

12: 빛의 수

17: 하나님께서 승리하게 하심

40: 시련, 견습

70: 죄로부터 완전한 회복과 구원

100, 1,000: 많다는 의미

❖ 페아법

수확할 때 모퉁이의 일부를 남겨 둠, 이삭줍기를 하지 않음(신 24:21).

❖ 승수 효과

한 경제의 변수가 파급적인 효과를 낳아 다른 경제 변수에 처음의 몇 배나 되는 증가 또는 감소를 가져오는 경우의 효과.

내가 어떤 사람을 도우면 M↑-C↑-D↑-P↑-E↑-I

성경의 승수 효과

❖ 오병이어

17 제자들이 이르되 여기 우리에게 있는 것은 떡 다섯 개와 물고기 두 마리 뿐이니이다 18 이

르시대 그것을 내게 가져오라 하시고 19 무리를 명하여 잔디 위에 앉히시고 떡 다섯 개와 물고기 두 마리를 가지사 하늘을 우러러 축사하시고 떡을 떼어 제자들에게 주시매 제자들이 무리에게 주니 20 다 배불리 먹고 남은 조각을 열 두 바구니에 차게 거두었으며(마 14:17-20).

❖ 사르밧 과부에게 임한 축복

8 여호와의 말씀이 엘리야에게 임하여 이르시대 9 너는 일어나 시돈에 속한 사르밧으로 가서 거기 머물라 내가 그 곳 과부에게 명하여 네게 음식을 하였느니라 10 그가 일어나 사르밧으로 가서 성문에 이를 때에 한 과부가 그 곳에서 나뭇가지를 줍는지라 이에 불러 가로되 청하건대 그릇에 물을 조금 가져다가 나로 마시게 하라 11 그가 가지러 갈 때에 엘리야가 그를 불러 가로되 청하건대 네 손의 떡 한 조각을 내게로 가져오라 12 그가 가로되 당신의 하나님 여호와의 사심을 가리켜 맹세하노니 나는 떡이 없고 다만 통에 가루 한 움큼과 병에 기름 조금 뿐이라 내가 나뭇가지 둘을 주워다가 나와 내 아들을 위하여 음식을 만들어 먹고 그 후에는 죽으리라 13 엘리야가 그에게 이르되 두려워하지 말고 가서 네 말대로 하려니와 먼저 그것으로 나를 위하여 작은 떡 하나를 만들어 내게로 가져오고 그 후에 너와 네 아들을 위하여 만들라 14 이스라엘 하나님 여호와의 말씀이 나 여호와가 비를 지면에 내리는 날까지 그 통의 가루가 떨어지지 아니하고 그 병의 기름은 없어지지 아니하리라 하셨느니라 15 그가 가서 엘리야의 말대로 하였더니 그와 엘리야와 그의 식구가 여러 날 먹었으나 16 여호와께서 엘리야를 통하여 하신 말씀 같이 통의 가루가 떨어지지 아니하고 병의 기름이 없어지지 아니하니라(왕상 17:8-16).

❖ 0 * 100 =0

하나님의 약속은 상수 100

❖ 스테이트 오브 더 플레이트 연례 보고서

1) 십일조를 내는 사람
- 80% 신용카드 없음
- 74% 자동차 할부 미납금 없음
- 48% 주택담보 대출 미납금이 없음
- 28% 어떤 종류의 빚 없음

2) 십일조를 지키지 못하는 크리스천
- 38% 금전적 여유가 없어서
- 33% 빚이 너무 많아
- 18% 배우자 때문

❖ Flow와 Stock

❖ 카네기의 헌금을 대하는 태도

① 하나님께서 만물을 주시고 독생자를 보내 주셔서 구원해 주셨기 때문에

② 영적전쟁을 위한 비용

③ 구제를 위해

④ 하늘에 보화를 쌓는 방법이기 때문에

⑤ 그리스도의 모범이기 때문

❖ 십일조를 철저하게 지키는 개신교인의 비율

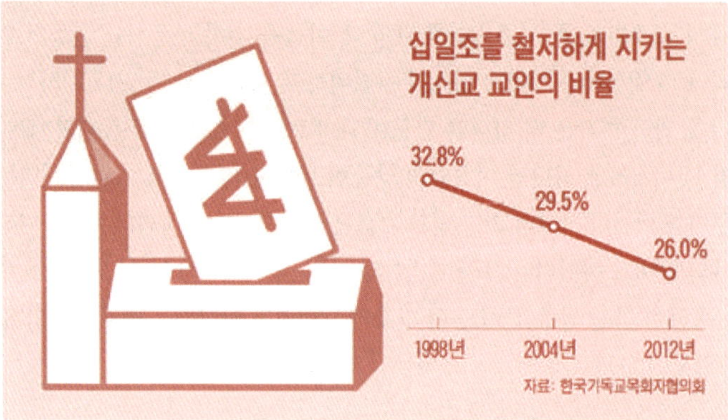

제6강

일

네 하나님 여호와를 기억하라
그가 네게 재물 얻을 능력을 주셨음이라
이같이 하심은 네 조상들에게 맹세하신 언약을
오늘과 같이 이루려 하심이니라
(신 8:18)

01

성경과 일

하나님의 말씀은 성공적인 삶을 원한다면 열심히 일하라는 것이며, 무엇이든 예수님의 이름으로 간구하기만 하면 일하지 않아도 된다는 생각은 잘못이다. 일도 하나님께 전적으로 순종해야 하고, 그럴 때에 부요하게 되는 것이다.

우리는 재물에 초점이 있지만 하나님은 금방 먹어 치울 수 있는 물고기를 주는 것이 아니라, 평생 물고기를 잡을 수 있는 그물을 주신다. 누구에게나 그물을 주셨고 그것은 재물 얻을 능력이며, 이는 하나님이 약속하신 아브라함의 복을 실현시키기 위한 방법이다.

일의 의미

- 일반적으로 넓은 의미에서 일은 생존과 생활을 위한 인간적인 활동이다. 즉 생계 수단으로 노동력을 제공하고 그 대가로 임금을 받거나 이윤을 창출하는 것을 의미한다.
- 일은 단순히 생계 수단 뿐만 아니라 자아 실현의 장이기도 하다. 노동을 통해서 성취감과 행복을 추구한다.
- 일을 통해서 사회 구성원으로써 서로 협력하며 살아가는 사회 활동과 대인관

계의 장이다.

- 일은 하나님께서 정하신 것이요, 인간이 하나님의 감독 아래 청지기로 사는 활동 무대요, 하나님께서 인류에게 주신 존엄성의 일부이다. 일은 하나님과 함께 협력하는 노력으로써 존엄하게 되는 것이다. 하나님께서는 일하는 자를 통해서 일하신다(김남식, 《일의 신학》).
- 종교개혁자 루터는 사람은 일을 통해 하나님을 섬길 수 있으며, 직업은 하나님의 소명(calling)이며 모든 소명은 영적으로 동등하게 존엄하다고 했다. 칼빈 또한 모든 사람은 부자라도 일해야 한다고 했으며, 일하는 것은 하나님의 뜻이며 사람의 직업과 소명을 동일하다고 하였다.

한국교회 탐구센터의 직업선택 전 소명 고려 여부 조사 결과는 다음과 같다.

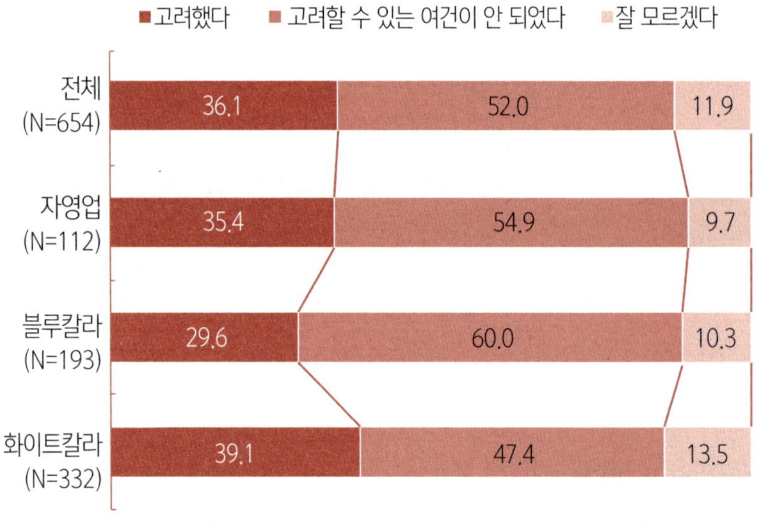

일하시는 하나님

1) 창세기는 하나님의 일하심으로 가득 찬 책이다

2) 창조의 계속: 10 여호와께서 샘으로 골짜기에서 솟아나게 하시고 산 사이에 흐르게 하사 … 13 그가 그의 누각에서 산에 물을 주시니 주께서 하시는 일의 결실이 땅을 만족시켜 주는도다. 14 그가 가축을 위한 풀과 사람을 위한 채소를 자라게 하시며 땅에서 식물이 나게 하셔서 15 사람의 마음을 기쁘게 하는 포도주와 사람의 얼굴을 윤택하게 하는 기름과 사람의 마음을 힘있게 하는 양식을 주셨도다(시 104:10, 13-15).

3) 바람의 길이 어떠함과 아이 밴 자의 태에서 뼈가 어떻게 자라는지를 네가 알지 못함 같이 만사를 성취하시는 하나님의 일을 네가 알지 못하느니라(전 11:5)

4) 예수님께서 바라본 일하시는 아버지: 이스라엘을 지키시는 자는 졸지도 아니하고 주무시지도 아니하시리로다(시 121:4).

5) 하나님께서는 우리를 돌보시느라고 안식일에도 쉬지 않으신다(요 5:17)

6) 일하시는 하나님에 대한 성경의 표현들: 목자, 농부, 왕, 설계자, 창조자, 예술가 등

7) 일터에서의 예수님: 예수님께서 대중 앞에 모습을 드러내신 것은 대부분 일터에서였고, 비유 중 거의 모든 것이 일과 관계된 것이다. 또한 사도행전에 나타난 하나님의 기적과 나타나심도 평범한 일터에서였다.

일의 성경적 의미

1) 선악과 이전

일은 인간이 어떻게 무엇을 위해 살아야 하는지를 규정해 주는 명령이자 축복이며(창 1:28), 에덴동산을 경작하는 일은 즐거운 것이었다(창 2:15). 노동은 그 자체가 축복이었다.

2) 선악과 이후

① 죄의 결과로 일은 수고하고 땀을 흘려야 그 소산을 먹을 수 있는 힘든 것이 되었다. 노동은 저주의 결과이다. 일터는 타락으로 인한 문제를 마주하는 곳, 에덴동산의 자유는 잃어버렸다.

② 일은 고통이 따른다(가시덤불, 엉겅퀴). 이것을 비켜갈 수 있는 인간은 없다.

17 아담에게 이르시되 네가 네 아내의 말을 듣고 내가 네게 먹지 말라 한 나무
열매를 먹었은즉 땅은 너로 말미암아 저주를 받고 너는 네 평생에 수고하여야
그 소산을 먹으리라 18 땅이 네게 가시덤불과 엉겅퀴를 낼 것이라 네가 먹을 것
은 밭의 채소인즉 19 네가 흙으로 돌아갈 때까지 얼굴에 땀을 흘려야 먹을 것
을 먹으리니 네가 그것에서 취함을 입었음이라 너는 흙이니 흙으로 돌아갈 것
이니라 하시니라(창 3:17-19).

3) 구원받은 이후

① 저주는 예수님이 모두 받으셨고 구원의 완성은 이루어지지 않았으므로 수고해야 먹을 수 있지만 일의 개념이 소명(calling)으로 바뀌었다. 노동은 하나님이 우리에게 주신 소명이다.

② 일터는 미션을 수행하는 장소이고 영적인 전쟁터이며, 일터를 회복해야 할 사명이 있다.

③ 선한 영향력을 흘려보내야 한다.

④ 누구라도 작은 변화를 일으킬 수 있다.

⑤ 삶과 일은 위대한 것이다.

⑥ 지상명령(마 28:19-20)으로 완수하는 것이다. 그러므로 일이란 단순히 돈을 벌고 생계를 유지하는 것 이상의 고차원적인 뜻이 있는 것이다.

⑦ 우리는 오늘도 일하고 계시는 하나님의 동역자이다. 인간의 일은 성부 성자 성령이 하신 일의 성격을 반영한다.

4) 성경에서 많은 인물들이 일하고 있을 때 하나님의 부름을 받았다

① 요셉: 감옥에서 모범수로 일하고 있을 때

② 엘리사: 밭을 갈고 있을 때

③ 베드로: 바다에서 그물을 던질 때

④ 사무엘: 밤에 성전에서 맡은 일을 감당하고 있을 때

⑤ 다윗: 들에서 양을 치고 있을 때

⑥ 모세: 미디안 광야에서 장인의 양을 치고 있을 때

일에 대한 바람직한 태도

1) 세상의 일과 하나님의 일

일에 대하여 이분법적으로 나누는 것은 바람직하지 않으며, 우리가 하는 모든 일이 하나님의 일이며 소명이라는 생각이 중요하다. 모든 노동의 존엄성을 존중하는 것이 중요하다. 사도행전에서는 모든 일을 질적으로 동일하며 중요하다고 인식하였다.

2) 하나님은 성직의 임명자

> 23 무슨 일을 하든지 마음을 다하여 주께 하듯 하고 사람에게 하듯 하지 말라 24 이
> 는 기업의 상을 주께 받을 줄 앎이니 너희는 주 그리스도를 섬기느니라(골 3:23-24).

직장 생활에서는 적게 일하고 많이 벌기를 바라며, 상사가 있으면 열심히 일하고 없으면 대충하는 눈가림은 잘못이다. 또한 일을 통해 다른 사람과 이웃을 섬기는 것은 하나님을 섬기는 것이다. 우리는 비록 충분하지 않은 보수와 불공정한 인정에도 주께서 그를 위해 일한 모든 것에 대해 보상해 주실 것이라는 믿음이 있어야 한다.

3) 근면하고 성실하게 일함

동서고금을 통해서 부유하게 사는 원칙은 부지런함이다. 하나님은 세상에 충분히 먹고 살만한 자연환경을 만들어 놓으시고 부지런히 노동을 통해 얻도록 하셨다.

> 손을 게으르게 놀리는 자는 가난하게 되고 손이 부지런한 자는 부하게 되느니라(잠 10:4).

그러므로 무엇이든지 예수님의 이름으로 간구하기만 하면 열심히 일하지 않아도 부요하게 된다는 것은 바른 가르침이 아니다. 성경은 계속 부지런함에 대하여 이야기하고 있다. 좀 더 일하자. 일찍 출근하자. 그리스도인도 근면하지 않아 스스로 초래한 가난에 대해 하나님이 꾸짖으시니 빨리 벗어나야 한다. 열심히 교회에 다니고 기도하는 그리스도인들은 세상 사람들보다 더 부자여야 하는데 현실은 그렇지 못하다. 빚과 적자를 이기지 못하고 가게 문을 닫는 사람들이 많고, 해고당한 그리스도인과 백수인 청년 그리스도인을 어떻게 보아야 하는가? 무엇이 잘못되었는가. 비 그리스도인보다 근면하지 못하다면 우리는 그들보다 부자가 될 수 없다.

신앙생활을 잘 한다면서 경제적인 책임을 도외시하고 있는 몇몇의 데살로니가 교인에게 바울 사도는 다음과 같이 경고하고 있다.

> 11 또 너희에게 명한 것 같이 조용히 자기 일을 하고 너희 손으로 일하기를 힘쓰라
> 12 이는 외인에 대하여 단정히 행하고 또한 아무 궁핍함이 없게 하려 함이라(살전 4:11-12).

… 누구든지 일하기 싫어하거든 먹지도 말게 하라 하였더니(살후 3:10).

엿새 동안은 힘써 네 모든 일을 행할 것이나(출 20:9).

엿새 동안 최선을 다해 성실하게 살라는 것은 하나님의 명령이다.

4) 직업에 귀천을 따지지 말아야 한다

예수님의 직업은 목수였으나 인류를 구원하였지만, 빌라도는 총독이고 사울은 왕이었지만 죄인들이었다. 지위에 비례해서 하나님의 일을 하는 것이 아니다. 청소부도, 버스 기사도, 대통령도 세상에 기여하는 정도가 다를 뿐이니 높고 낮음을 정하는 것은 인간의 편견이다. 환경부 장관 때문에 행복한 것이 아니고, 이른 새벽부터 거리를 깨끗하게 청소하는 분이 있기 때문에 상쾌한 아침을 맞이할 수 있는 것이다.

기독교인들은 이 땅에서의 지위를 가지고 사람을 평가하지 말고 예수님을 영접했는지 여부, 즉 구원의 대상인지 아닌지의 여부를 가지고 바라보아야 한다.

5) 전문가가 되어야 한다

하나님은 전문가를 쓰시며 하나님의 때에 이들을 부르신다.

네가 자기의 일에 능숙한 사람을 보았느냐 이러한 사람은 왕 앞에 설 것이요 천한 자 앞에 서지 아니하리라(잠 22:29).

3 집은 지혜로 말미암아 건축되고 명철로 말미암아 견고하게 되며 4 또 방들은 지식으로 말미암아 각종 귀하고 아름다운 보배로 채우게 되느니라(잠 24:3-4).

성경 인물 중에서 최고의 전문가는 누구인가? 다윗을 꼽을 수 있다. 전문가였기에 하나님 앞에 쓰임 받는 자가 될 수 있었다. 다윗은 양치기 전문가로 양을 해치는 이리와 사나운 동물로부터 보호했던 물맷돌 던지기의 전문가로, 결국 골리앗을 쓰러뜨릴 수 있었다. 이 밖에도 전쟁마다 승리하였는데, 사울 왕과 압살롬을 피해 다닐 때 지형을 살펴 두었던 지리에 밝은 전문가로, 이후 군사 전문가로 전쟁마다 승리의 원동력이 되었다. 악기를 연주할 때 사울에게 임했던 악신이 떠나갈 정도의 실력을 가진 수금의 전문가이며, 시편 대부분을 기록할 정도로 글쓰기의 달인이었으며, 또 잘못을 저질렀을 때는 눈물로 침상을 적실 정도로 하나님 앞에 회개하였다.

무엇보다도 그의 인생 전반을 볼 때 고난과 고통을 이긴 전문가라고 할 수 있다. 고통이 얼마나 크고 많은 눈물을 흘렸으면 눈물을 병에 담아 계수할 정도였을까? 그러나 그는 이 모든 것을 극복하고 하나님의 마음에 합한 자가 되었다.

요셉도 풍년 7년에 흉년 7년을 위한 저장 기술의 전문가(창 41:34-35)였다.

6) 자신의 재능을 발견하고 개발, 그 영역에서 일하라

천부적이라 할 때 천부(天賦)는 하나님이 부여해준 소질, 강점, 장점 등이다. 그러나 우리는 자신의 재능을 모른 채 평범하게 살아가는 경우가 많다. 자신을 천천히 분석해 보면 분명히 발견할 수 있을 것이다. 나이가 들어서도 젊은 시절에 발견하지 못한 재능을 발견하는 경우도 많다. 재능을 발견했으면 끊임없이 훈련하고 배우고 또 배워야 한다. 이는 성공적인 삶의 문을 여는 마스터 키가 될 것이다. 직업의 선택은 경제적 이익 및 사람들의 인지도에 따라 결정하는 것이 아니라 자신의 은사와 맞는 일을 선택하는 것이 좋은데 행복하게 일할 수 있는 자신의 흥미와 적성에 맞는 일을 선택하는 것이 중요하다.

이제 덜 중요하고 사소한 일들에 시간을 소비하는 것은 그만 두어야 한다. 인터넷 고스톱, 게임, 카톡, TV 시청 등이다. 오늘 아무것도 안하면 아무것도 아닌 사람이 되기 때문이다.

직장생활

1) 지금 하고 있는 일과 직장은 하나님이 보내시고 사명을 주신 일이다

그러므로 감사하는 마음을 가지고 성실하게 노력해야 한다. 직장과 상사에 대해 불평 없이 직장생활을 하는 것은 어렵지만, 하나님께서 나를 위한 계획을 가지고 계시다는 사실을 믿는 것과 그 뜻을 발견하는 것이 중요하다.

> 22 종들아 모든 일에 육신의 상전들에게 순종하되 사람을 기쁘게 하는 자와 같이 눈가림만 하지 말고 오직 주를 두려워하여 성실한 마음으로 하라 23 무슨 일을 하든지 마음을 다하여 주께 하듯 하고 사람에게 하듯 하지 말라 24 이는 유업의 상을 주께 받을 줄 아나니 너희는 주 그리스도를 섬기느니라 25 불의를 행하는 자는 불의의 보응을 받으리니 주는 사람을 외모로 취하심이 없느니라(골 3:22-25).

2) 빛과 소금의 역할

우리가 사는 세상은 부정과 부패 비리가 만연해 있지만, 그리스도인은 있는 곳에서 빛과 소금의 역할로 세상을 변화시키고 하나님께 영광을 돌려야 한다.

3) 신앙의 갈등을 극복

믿음대로, 말씀대로 살려고 할 때 직장 안에서 갈등은 커져가는 것이 현실이다. 직장 안에서 기독교인들은 신앙의 정체성뿐만 아니라 더 열심히 일하고, 조직의 발전을 위해 헌신하는 진정성을 보여 주어야 한다. 어려움들은 교회 구역원이나 셀원들과 함께 나누고 서로를 위해 중보하며, 기도와 말씀 생활로 잘 극복해야 한다. 하나님이 이런 직장인들을 반드시 도와주실 것이다.

4) 이직해야 하는 경우

일을 매우 성실하게 했는데도 고용주가 충분한 급여를 지급하지 않아 가장의 기본 의무를 다하기 어려운 경우에 이직해야 하는가? 성경은 다음과 같이 이야기 한다. 일꾼이 자기 품삯을 받는 것이 마땅하니라(눅 10:7). 그러므로 이와 같은 경우 직장을 옮기는 것은 타당하다.

언제까지 일해야 하는가?

1) 천국에 가기 전까지 일해야 한다

성경에는 은퇴라는 이야기가 없다. 은퇴라는 의미의 영어 단어 Retire는 '타이어를 다시 끼운다'는 뜻이다. 우리는 천국에 가기 전까지 일해야 한다. 이것이 육체적인 건강뿐 아니라 정신적인 건강과 소득을 통한 하나님의 일을 할 수 있기 때문이다

성경에는 장수한 인물들이 많았으며, 클로드 모네는 80세에도 12시간씩 그림을 그렸고, 피카소 역시 90세 이후에도 그림을 그렸다. 현대 경영학의 아버지인 피터 드러커는 93세에 새로운 책을 썼다. KFC 할아버지 커널 선더스는 65세 첫 체인점을 열었고, 조지 포먼은 45세 때 세계 헤비급 챔피언이 되었다. 80세가 넘어 박사학위에 도전하는 일반인들도 많이 있다.

2) 나이 들어 할 수 있는 일들

나이 들어 할 수 있는 일들이 오히려 나이 때문에 할 수 없는 일들보다 많다. 인터넷 음란물과 감시 등 고령자들만이 사원인 회사도 있다. 경력과 경험을 필요로 하는 곳이 많다. 창업하는 청년들의 열정과 중장년 세대의 노하우를 접목하면 시너지 효과가 날 수 있다. 손자들에게 신앙교육, 재정교육을 통해 좋은 유산을 물려줄 수 있다.

마땅히 행할 길을 아이에게 가르치라 그리하면 늙어도 그것을 떠나지 아니하리라 (잠 22:6).

일이 주는 유익

① 일을 통해 원만한 인격으로 다듬어짐. 인내 부지런함 정직 절제 등 하나님의 성품을 닮아간다.

② 가족을 부양하고 그들의 필요를 채운다.

③ 일을 한 대가를 가지고 이웃을 위해 나누고 베푸는 삶을 통해 하늘에 상급을 쌓는다.

④ 그리스도인으로서 세상에 선한 영향력을 끼친다. 결론적으로 땀 흘려 일하는 것이 하나님의 법칙이며 소중한 것을 얻기 위해서는 피, 땀, 눈물이 필요하며 대박 인생이 아니라 성실하게 일하고 하나님의 은혜를 구해야 한다.

나눔 자료

1. 신명기 12장 7절은 일에 대해서 어떻게 이야기 하고 있나요?

2. 직장에서 일하는데 그리스도인이라는 이유로 어려움을 겪은 경우가 있나요? 그리고 이를 어떻게 극복했습니까? 서로 나누어 보세요.

3. 일은 하나님의 소명(calling)이라고 하는데 그렇지 않은 이유가 있다면 서로 나누어 보세요.

4. 타락하기 이전에 하나님이 일을 만드시고 다스리고 지키게 하신 이유는 무엇입니까?(창 2:15).

5. 직업에 귀천이 없다고 생각하십니까? 당신은 지금 하고 있는 일이 하나님이 주신 소명이라고 생각하시나요?

6. 일과 신앙생활을 병행하는 데 가장 큰 어려움은 무엇인가요?

7. 당신이 진정으로 하고 싶은 일은 무엇인가요?

실천과제 적용하기

10년 후 내 명함 만들기

참고자료

❖ 일(노동): 하나님의 창조 규례(질서)

- 안식일, 결혼

❖ 충만하라: 채워라 모든 분야에 진출하라.

정복하라: 모든 분야의 전문가

다스리라: 관리자

❖ 소명(calling)

- 하나님의 명령대로 수행하는 것이며 루터의 일에 대한 생각사람들은 일을 통해 하나님을 섬길 수 있다
- 칼빈: 직업과 소명은 동일하다. 일하는 것이 하나님의 뜻이며 하나님의 도구로 섬기는 것은 모든 인류의 의무이다.

❖ 누가 더 부자일까?

구분	종교	경전
유대인	유대교	구약
그리스도인	기독교	구약, 신약
비그리스도인	-	-

1) 이들 중 유대인이 부자인 이유는 어릴 때부터 구약의 재정 원리를 부모로부터 계속 교육받고 전해 내려오는 탈무드를 통해 세상의 부자법칙을 알아가기 때문이다.
2) 부유한 비그리스도인도 일찍 세상의 부자 법칙을 연구와 경험을 통해 알아간다.
3) 가난한 그리스도인은 이미 신·구약성경을 통해 부요의 원리, 재정원리에 대한 답을 주셨는데 우리는 계속 답을 달라고 기도하고 있다.

❖ 나이 계산: 유엔에서 정한 나이 기준(실제 나이 × 0.8)

제7강

저축과 투자

너는 먹을 모든 양식을 네게로 가져다가 저축하라
이것이 너와 그들의 먹을 것이 되리라
(창 6:21)

01

성경과 저축

저축

재물을 잘못 사용하고 관리하는 그릇된 지식과 습관을 해결할 방법 중 하나가 저축이다. 저축은 돈에 관계된 많은 문제들을 해결해 준다. 과소비를 하지 않고 계획에 의한 지출을 하는 것 등이다. 하나님은 성경을 통해서 창고와 곳간에 복을 주신다고 말씀하셨다. 창고와 곳간은 저축하는 장소이다. 일을 통해 얻은 부를 어떻게 저축하는 것이 하나님의 뜻이며 올바른 투자인지를 알아 본다.

> 여호와께서 명령하사 네 창고와 네 손으로 하는 모든 일에 복을 내리시고 네 하나님 여호와께서 네게 주시는 땅에서 네게 복을 주실 것이며(신 28:8).

1) 성경에서의 저축

성경에 저축이란 단어는 창세기 6장 21절에 처음으로 등장한다. 너는 먹을 모든 양식을 네게로 가져다가 저축하라. 이것이 너와 그들의 먹을 것이 되리라(창 6:21).

성경은 저축을 지혜롭다고 하였다(잠 21:20). 즉 지혜로운 사람은 저축하지만 미련한 사람은 수입을 모두 사용한다고 말하고 있다. "지혜 있는 자의 집에는 귀한 보배와 기름이 있으나 미련한 자는 이것을 다 삼켜 버리느니라"(잠언 21:20).

하나님도 저축을 통해 예비하셨다. "그가 바닷물을 모아 무더기 같이 쌓으시며 깊은 물을 곳간에 두시도다"(시 33:7).

요셉의 저축: 요셉은 풍년에 흉년을 위해 저장하는 준비성이 있었다.

46 요셉이 애굽 왕 바로 앞에 설 때에 삼십세라 그가 바로 앞을 떠나 애굽 온 땅을
순찰하니 47 일곱 해 풍년에 토지 소출이 심히 많은지라 48 요셉이 애굽 땅에 있는
그 칠 년 곡물을 거두어 각 성에 저축하되 각 성읍 주위의 밭의 곡물을 그 성읍 중
에 쌓아두매 49 쌓아 둔 곡식이 바다 모래 같이 심히 많아 세기를 그쳤으니 그 수가
한이 없음이었더라(창 41:46-49).

2) 요셉의 저축이 주는 교훈

① 저축을 잘 해서 많은 생명을 살렸다.
② 7년 풍년에 흉년을 대비하는 준비성이 탁월하다.
③ 곡식의 1/5을 거두어 들여 저축(창 47:24)하였는데 이는 성경에 나타난 최초의 조세제도라 할 수 있다.
④ 조급해하지 않고 성실하게 장기적으로 저축하였다.
⑤ 요셉의 저축은 자기 자신을 위한 것이 아니라 하나님이 주신 지혜를 가지고 생명을 구하고자 하는 하나님의 뜻을 이루어 드리기 위한 저축이었다.

3) 일반적인 저축 개념

경제 활동으로 얻은 소득 중에서 생활에 필요한 만큼 소비하고 미래의 지출에 대비하여 남겨 놓은 부분이다(금융 자산 +실물 자산 + 보유 현금).

우리나라 가계 저축률은 1953년 이후 꾸준히 상승하였으나, 1988년 24.3%를 정점으로 빠르게 하락하여, 2013년 4.5%, 1990년 이후 가계 소비가 가계소득보다 빠른 속

도로 늘어났다. 그 이유를 알아보면 저축은 지금 소비하는 것과 나중에 소비하는 것의 선택인데 대부분의 우리나라 사람들은 오늘의 소비를 즐기기 때문이다.

30~40대 150만 명 1년 분석 내용 중 평균 저축 투자액은 44만 원이지만 10만 원 이하가 36%, 10만~30만 원이 31%로 약 70% 가량이 30만 원 이하를 저축한다. 투자 1억을 모으는 데 19년이 걸린다.

인구 고령화가 가계의 자산 및 부채에 미치는 영향이라는 2017년 한국은행 보고서를 보면 우리나라 가계저축률은 고령화로 2026년에 마이너스(-)로 추락할 것으로 분석하였다.

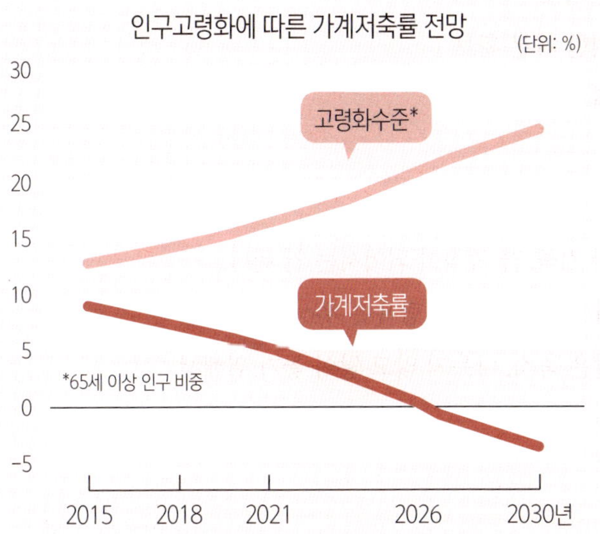

(서울신문, 2017. 8. 3)

4) 저축을 해야 하는 이유

하나님은 우리에게 재물 얻을 능력을 주셨지 마이너스 세계를 주지 않으셨다. 그러므로 마이너스 세계로 들어가는 것을 방지하기 위해 저축이 필요하다. 마이너스는 부채, 사단, 맘몬의 종이 되기 때문이다. 저축은 삶의 자세에 큰 영향을 미친다. 저축액과 상관없이 저축하는 습관은 삶에 자신감과 미래에 대한 희망을 제공할 뿐만 아니라 삶의 자세를 적극적이고 긍정적인 방향으로 변화시키며 지혜로운 삶을 살 수 있다.

5) 저축의 구체적 목적

① 가족을 돌보기 위해

누구든지 자기 친족 특히 자기 가족을 돌아보지 아니하면 믿음을 배반한 자요 불신자보다 더 악한 자니라(딤전 5:8).

② 장래를 준비(은퇴와 교육비, 결혼)

③ 긴급 자금

④ 하나님 나라 확장을 위한 목표를 가진 저축

⑤ 선교 센터 건립헌금을 위한 저축

⑥ 생활수준의 향상을 기대

⑦ 사업이나 투자를 위한 자본 확보

⑧ 나눔과 드림을 위해

6) 잘못된 저축

① 욕심을 채우기 위한 저축, 즉 축적이 되어서는 안 된다.

② 더 좋은 것, 더 많이 가지려는 갈망, 탐욕은 우상숭배다.

③ 어리석은 부자와 같은 축적, 나누지 않고 쌓아 놓기 위해서

7) 저축의 방법

① 세상의 저축 방법

수입 - 생활비 - 세금과 공과금 - 부채상환 - 저축

② 그리스도인의 저축 방법

수입 - 드림과 나눔 - 공과금 - 저축, 투자 - 부채상환 - 생활비

③ 처음의 시작은 힘 닿는 대로 한다. 연령이나 소득수준, 경제 환경에 따라 다르나 최소한 소득의 20% 이상을 저축하는 것이 바람직하다. 요셉은 흉년이 올 것에 대비해 소출의 20%를 저장해 두었다.

"바로께서는 또 이같이 행하사 나라 안에 감독관들을 두어 그 일곱해 풍년에 애굽 땅의 오분의 일을 거두되"(창 41:34).

02

성경과 투자

하나님이 주신 재물을 잘 관리하는 일은 올바르지만 어려운 일이다. 금융상품과 성경의 투자 원리를 잘 이해해야만 가능하기 때문이다. 투자는 적절한 위험에 대한 미래 예측이 가능하지만, 투기는 과도한 위험이나 요행으로 일확천금을 추구하는 행위로 욕망의 반영이기에, 크리스천은 투기는 멀리하고 올바른 투자를 해야 한다.

기독교인의 투자 목적은 하나님의 사역을 잘 하기 위해서다. 투자에는 위험이 따르기 때문에 금융상품에 대한 정확한 정보에 따라야 한다. 투자에 욕심이 생기면 하나님보다 돈을 더 사랑하게 되는 투기가 되기 때문에 주의해야 한다.

투자

망령되이 얻은 재물은 줄어가고 손으로 모은 것은 늘어가느니라(잠언 13:11).

NIV 성경에서 보면 Dishonest money dwindles away, but he who gathers money little by little makes it grow. 이는 비윤리적으로 투자로 번 돈은 자산을 늘어나는 것이 아니라 오히려 줄어든다는 것이다.

1) 투자 동기

하나님은 우리 행위뿐만 아니라 동기를 감찰하시는 분이다. "사람의 행위가 자기 보기에는 모두 깨끗하여도 여호와는 심령을 감찰하시느니라"(잠 16:2). 그러므로 투자 행위보다 투자의 동기가 더 중요하다고 할 수 있다.

잘못된 투자 동기는 탐심, 빨리 돈을 벌고 싶은 조급함, 교만, 게임 등이 있다. 많은 사람들이 이미 많은 돈을 가지고 있는데도 더 많은 돈을 벌기 위해 투자했다가, 자신의 재산을 모두 잃어버리고 빚에 시달리는 경우가 많다. 바른 투자 동기는 더 많이 나누기 위해 투자하는 경우이며, 또한 복음 증거의 도움이 되기 위해, 가족의 필요를 충족시키기 위해서 등이다.

2) 투자의 전제조건

① 투자목표를 정하고 수익률, 위험, 유동성, 투자 기간 등에 맞는 투자 상품 선택하라.
② 감정적인 투자 결정을 하지 말 것. 판촉광고 등은 쉽고 빠르게 돈 벌고 싶은 심리를 이용하는 것이다.
③ 저축 후에 모은 여유 자금으로 해야 한다.
④ 투자 이전에 부채를 청산해야 한다.
⑤ 투자는 꾸준히.
⑥ 분산 투자를 하라. 완벽한 투자란 없기 때문이다. "일곱에게나 여덟에게 나눠 줄지어다 무슨 재앙이 땅에 임할는지 네가 알지 못함이니라"(전 11:2).
⑦ 리스크를 피하라, 일확천금은 리스크가 가장 높다.
⑧ 미래를 장담하지 말라. 미래는 하나님이 주관하신다.
"13 들으라 너희 중에 말하기를 오늘이나 내일이나 우리가 어떤 도시에 가서 거기서 일 년을 머물며 장사하여 이를 보리라 하는 자들아 14 내일 일을 너희가 알지 못하는도다 너희 생명이 무엇이냐 너희는 잠깐 보이다가 없어지는 안

개니라 15 너희가 도리어 말하기를 주의 뜻이면 우리가 살기도 하고 이것이나 저것을 하리라 할 것이거늘(약 4:13-15).

⑨ 소문을 따르거나 급하게 하지 말라(시 37:7).

"충성된 자는 복이 많아도 속히 부하고자 하는 자는 형벌을 면치 못하리라"(잠 28:20).

⑩ 투자의 위험을 계산(눅 14:28). 절대로 투자 상품 권유할 때는 돈을 잃은 위험성을 이야기하지 않는다.

⑪ 원금보장 상품에 투자하라.

⑫ 배우자와는 재정적인 영역에서도 한 몸이다 배우자와 협의하라. 몰래 투자하거나 보증서는 것을 금지하라.

⑬ 빌려서 투자하는 것 금지.

⑭ 하나님 앞에 기도하고 결정하라(존 템플턴).

⑮ 자신이 잘 모르는 분야에 투자하지 말라.

⑯ 손실을 초래해서는 안 될 돈으로 투자하지 말라.

"그 재물이 재난을 당할 때 없어지나니 비록 아들은 낳았으나 그 손에 아무것도 없느니라"(전 5:14).

하나님의 재정은 늘 풍족하다. 그러므로 우리는 무리한 투자를 하지 말고 예수님이 선언하신 하나님 나라에 우리를 투자하면 하나님의 재정을 누릴 수 있다.

성경과 주식 투자

성경 전체 맥락에서 볼 때 어느 정도 위험을 감수하는 투자는 가능한 것으로 보인다. 따라서 위험을 감수한 주식투자가 적정한 수익을 목표로 하고 있다면 성경적으로 문제가 없다고 여겨진다. 다만 기대보다 낮은 수익률이나 원금손실 가능성 등 주식투자에 따르는 문제점이 발생한다. 탐욕에 자신의 마음을 빼앗기지 않고, 사기와 불법 행위에 동참하지 않는다면 기독교인의 주식투자는 성경적으로 문제가 없다.

본질적으로 주식투자 자체는 성경적으로 부적합한 투자 행위가 아니라는 전제하에 크리스천 투자자들은 이러한 문제점을 해결하기 위하여 지혜롭게 주식투자를 해야 할 것으로 보인다.

성경적인 관점에서 기업 가치와 주주권, 기업소유권, 의결권 배당권 등은 보이지 않는 관념적인 것이다. 이는 에서가 야곱에게 팔아넘긴 장자권과 같은 것이다(창 25:29-34). 에서는 장자권을 허구적인 것으로 본 반면 야곱은 하나님의 축복이 임하는 실재적인 것으로 생각하여, 장자권을 사서 아버지인 이삭으로부터 온전한 축복을 받았다.

투자의 5원칙

투자의 원칙이란 투자 위험을 정확하게 이해하고, 위험을 줄이기 위한 행동으로 대체적으로 다음 5가지를 말한다.

① 가치투자: 내재 가치, 즉 기업의 저평가된 진정한 가치를 찾아서 투자한다. 1등 기업이나 50% 이상의 점유율을 차지하는 기업에 투자한다.

② 분산투자: 계란을 한 바구니에 담지 말라는 격언처럼 위험을 분산시키는 투자이다. 이는 위험을 줄이면서 수익률을 올릴 수 있는 방법이다

③ 적립식 투자: 시간에 대한 분산투자라고 부른다. 정확한 투자 시점을 알 수 없을 때 값이 내리면 많이 사고 오르면 적게 사는 구조이다.

④ 장기투자: 장기일수록 수익률 변동성은 줄어들고 복리효과는 극대화 된다. 이는 투자자산의 가격 변동 주기를 감안하여 손실 구조를 견디고 수익 실현을 버틸 수 있는 힘을 준다.

⑤ 간접투자: 전문가에게 맡기는 것으로 위험을 줄이고 소액의 자금으로도 분산투자 효과가 있다.

투자할 때는 투자 상품 및 운용사에 대한 정확한 정보를 알아야 한다. 상품 구조가 어려운 이해하기 어려운 상품에 투자하는 것은 위험한 일이다. 전문 지식이 부족할 경우 전문가와 투자에 대한 상담을 하는 것은 지혜로운 일이다.

03

성경과 사기

사기 유형과 예방 방법

1) 속임수를 피하라

사기 당하지 말자. 그러면 인생에 재정적으로 어려움을 당할 가능성이 별로 없다. 은행이자보다 높은 이자는 위험하고 금융사기 가능성이 높다. 사기꾼은 전문가다. 이들의 말을 들으면 십중팔구는 넘어간다. 이들은 피해자의 열등감, 죄책감, 탐욕 등 약점을 최대한 활용한다. 속임수를 피하는 방법을 성경에서 찾아보면 다음과 같다. 피한다(잠 5:8), 숨는다(잠 27:12), 도망간다(딤후 2:22), 쳐다보지 않는다(잠 4:25), 생각하지 않는다(욥 31:1). 슬기로운 자는 재앙을 보면 숨어 피하여도 어리석은 자들은 나아가다가 해를 받느니라(잠 27:12).

2) 정당하지 않은 방법을 피하라

"악한 눈이 있는 자는 재물을 얻기에만 급하고 빈궁이 자기에게로 임할 줄은 알지 못하느니라"(잠 28:22). 큰 돈을 빨리 벌 수 있다는 유혹에 넘어가는 경우가 많다.

3) 금융투자 사기

법령에 따른 인가와 허가를 받지 않았거나 등록, 신고 등을 하지 않고 불특정 다수인으로부터 투자원금, 출자금에 대한 고수익 보장을 내세우며 자금을 조달하는 유사 수신행위이며 금융투자 사기 예방 방법은 다음과 같다.

① 무작위로 발송되는 투자권유 전화, 문자, 이메일은 무시한다.

② 학연, 지연, 가족관계라도 지나치게 높은 수익률을 보장한다면 주의해야 한다. 높은 수익이 가능하다는 것은 그만큼 위험이 크다는 의미이다.

③ 고급정보라면서 혼자만 알고 있으라는 등의 거래에 대한 보안유지를 요청한다면 투자 사기가 아닌지 의심해 보아야 한다.

④ 투자 권유를 받으면 합법적인 제도권 금융회사인지 금융투자 전문 인력인지 조회해 본다.

⑤ 제도권 금융회사 조회: 금융감독원 서민금융 1332(http://s1332.fss.or.kr)

⑥ 금융투자 전문인력 조회: 금융투자협회 홈페이지(http://www.finpro.kofia.or.kr)

4) 대출 사기

핸드폰에 어플을 설치하도록 유도한다. 어플이 깔리면 원격 조정이 가능하다. 이때부터는 금융감독원 등 대표전화도 조작이 가능해진다. 그러므로 절대로 폰에 불필요한 금융 어플을 설치하지 않는다. 이 밖에도 저금리 대출사기 등 다양하다.

5) 피싱 사기

피싱(phishing)은 이메일 또는 메신저를 사용해서 신뢰할 수 있는 사람 또는 기업이 보낸 메시지인 것처럼 가장함으로써, 비밀번호 및 신용카드 정보와 같이 기밀을 요하는 정보를 부정하게 얻으려는 social engineering의 한 종류이다. ‘피싱’

(phishing)이란 용어는 fishing에서 유래하였으며, private data와 fishing의 합성어이다(위키백과).

6) 스미싱

스미싱은 SMS(문자메시지)와 피싱(Phising)의 합성어이다. 신뢰할 수 있는 사람 또는 기업이 보낸 것처럼 가장하여 개인 비밀정보를 요구하거나 휴대폰 소액 결제를 유도한다. 최근 들어 스마트폰 이용자들이 늘어남에 따라 돌잔치, 결혼 청첩장 등이 도착했다고 하면서 링크를 걸어 안드로이드 애플리케이션 설치파일인 apk 파일을 설치하도록 유도하여 휴대폰 내의 정보를 빼가는 수법이 늘고 있다.(위키백과)

7) 부동산 사기

(파이낸셜뉴스)

04

금융상품 선택

금융상품 선택 시 요령

- 목적을 먼저 생각한 뒤 선택한다. 목돈 마련은 적금을, 내 집 마련을 위해서는 주택마련 저축에 가입하고, 목돈 운영을 위해서는 정기예금, 금전신탁, 수익증권 등을 이용한다.
- 기간을 고려하여 선택: 돈이 언제 필요한지 예측 후 금융상품에 가입한다. 자금 지출 계획과 저축기간은 일치해야 하며 장·단기로 구분한다.
- 안정성, 수익성, 환금성 등을 고려하여 선택한다.
  ① 안정성: 원금과 이자를 보전할 수 있는 정도(예금자 보호 대상 여부)
  ② 수익성: 금융상품의 가격 상승과 이자수익을 기대할 수 있는 정도
  ③ 환금성(유동성): 현금으로 쉽게 바꿀 수 있는 정도
- 세금을 줄일 수 있는 절세 및 세금우대 상품을 가입 한다.
  이자소득세 14% +주민세 1.4% = 15.4%이다.
- 정책 상품에 가입한다. 정부가 정책상 혜택을 주는 상품이 많이 있다. 대표적인 상품이 청년내일채움공제이다.
- 돈 빌리기는 갚을 능력 고려한다. 소득 > 원금 + 이자

나눔 자료

1. 당신이 저축이나 투자를 잘못하는 이유가 있나요? 서로 이야기해 보세요.

2. 사기를 당한 경험이 있습니까? 사기를 당한 원인이 무엇입니까?
사기를 피할 수 있는 방법을 성경에서 찾아 보세요(잠 5:8; 27:12).

3. 잠언 28장 20절과 22절을 읽고 그리스도인이 도박, 경마, 카지노, 복권 등을 하지 말아야 하는 이유를 서로 나누어 보세요.

4. 당신의 투자자 취향은 어떠한가요?
공격적이다. 아니면 투자할 때 원금은 보장되는 상품을 선택한다.

5. 불로소득을 한 경험이 있습니까? 그 소득을 어떻게 사용했나요?

6. 기독교인의 증권투자에 대해서 어떻게 생각하시나요?

실천 과제 적용하기

재정 예산 세우기

-
-
-
-
-
-
-

참고자료

❖ 록펠러의 할아버지

재정 교육 내용

일주일 용돈 300

- 1/10은 십일조
- 1/10은 어려운 친구를 도와주고
- 1/10은 저축을 해라.
- 사용 내역을 꼭 제출 받았으며 그 내역서를 보고 잘했으면 50원을 더 주고 잘못했으면 50원을 깎음.
- 돈을 사용하는 방법

교육

- 돈이 모자랄 때의 대처 방법 및 예산 계획까지 교육

❖ 서축과 축적

저축은 미래의 필요에 책임을 다하는 것이고 축적은 목적도 없이 쌓아만 놓는 것(눅 12:16-21 어리석은 부자 이야기)

❖ 꼭 기억하자

High Return, High Risk!

❖ 포트폴리오 이론

포트폴리오에 포함되는 자산의 수가 많을수록 위험은 줄어든다.

❖ Danger와 Risk

Danger: 위험만 있음, Risk: 위험과 동시에 기회를 포함

❖ 72법칙

기간 = 72/ 이자율

이자율 = 72 / 시간

❖ 투자

자산 고유의 수익 이외에 자산 가격 상승으로 발생하는 정상적인 매매 차익을 얻으려는 목적으로 거래

❖ 존 템플턴

기독교 정신에 입각한 투자로 큰돈을 번 사람이 존 템플턴이다. 그는 경영의 투명성과 도덕성을 강조했으며, 1972년 종교계의 노벨상이라 할 수 있는 존 템플턴상을 제정하였다.

❖ 투기

단기간에 생기는 가격 변동을 이용하여 큰 이익을 목적으로 매매 하는 것

❖ 사기와 낚시의 공통점: 미끼, 갈고리, 설치, 덫

❖ 금융소비자 피해 상담

전국 어디서나 국번 없이 1332만 누르면 금융소비자의 피해 또는 불만사항 상담 등 다양한 서비스를 원스톱으로 제공

상담 시간 평 일: 오전 9:00 ~ 오후 7:00
토요일: 오전 9:00 ~ 오후 1:00
일요일 및 공휴일: 휴 무

상담 서비스 내용

① 금융회사에 대한 불만 및 피해 상담
② 불법사금융, 개인정보 불법유통 피해신고
③ 금융범죄 및 비리신고
④ 상속인 금융거래 조회서비스
⑤ 기업 공시 안내
⑥ 중소기업 금융애로 상담

❖ 긴급사항 발생(1332로 전화하세요, 금융감독원)

- 신용카드(체크카드) 분실 및 위변조	- 보험사기
- 개인정보 유출	- 무면허, 뺑소니, 소유차량 파손
- 보이스피싱, 파밍 등 전자금융사기	- 대출사기
- 다른 사람의 계좌에 잘못 송금	- 불법대출 여부
- 수표 분실	- 대학생 금융 대출사기
- 예금통장 등 분실	- 신분증 분실
- 위조지폐 및 위조수표 발견	- 해외에서 여권, 가방, 여행자 수표 분실
- 불법 채권추심(빚 독촉)	- 대포 통장, 대포폰, 대포 차량 관련 대응 요령
- 자동차 사고 발생	
- 해외여행에서 사고 발생	

❖ 보이스 피싱으로부터 내자산 지키기 10계명(대구지방경찰청)

① 모르는 소액 결제 문자를 확인하려고 전화하지 말 것
② 저금리 대출을 받겠다며 기존 대출금을 상환하지 말 것
③ 메신저로 공문을 보내는 수사기관이 없음을 잊지 않기
④ 국가기관이 관리하는 안전계좌는 없음을 잊지 않기
⑤ 원격제어 앱을 휴대폰에 설치하지 말 것
⑥ 대출 전용 앱을 휴대폰에 설치하지 말 것
⑦ OPT 비밀번호를 남에게 알리지 말 것
⑧ 개인명의 계좌로 송금하지 말 것
⑨ 대출 처리 비용 명목으로 송금하지 말 것
⑩ 금융감독원 직원(사칭)에게 돈을 맡기지 말 것

❖ 보이스 피싱 주의 (서울 용산경찰서 전화금융사기전담반)

경찰, 검찰, 금감원과 통화하면서 현금인출을 요구하면 100% 보이스피싱

① 경찰, 검찰, 금감원이라며 직원에게 돈을 맡기라는 경우
② 대포 통장과 관련되어 확인 후 돌려주겠다며 이체하라는 경우
③ 계좌가 위험하다며 안전한 계좌로 이체하라는 경우

④ 현금을 인출해서 집안, 보관함 등에 보관하라는 경우

⑤ 인터넷 IP 주소를 알려주며 접속하여 주민등록번호 이름 등을 입력하라는 경우(이 경우는 가짜 공공기관 홈페이지이다)

⑥ 대출전화(문자)를 받았다면 일단 보이스피싱을 의심

⑦ 대출해 준다며 신용등급 조정비, 보증금, 설정료 등 선입금을 요구하는 경우

⑧ 기존 대출금이나 신규 대출을 받아 지정하는 계좌로 상환하면 좋은 조건으로 추가 대출을 해주겠다는 경우(대출금 상환은 반드시 해당 금융기관 법인계좌로 해야 합니다)

⑨ 대출 취업에 필요하다며 통장 체크카드 보안카드 등을 요구하는 경우(통장 등을 양도하는 경우 보이스피싱 공범으로 처벌합니다).

❖ 금융기관은 대출해 준다며 절대로 돈을 요구하지 않으며 공공기관은 전화상으로 돈을 보관(보호)해 준다거나 개인정보 금융정보를 요구하지 않습니다.

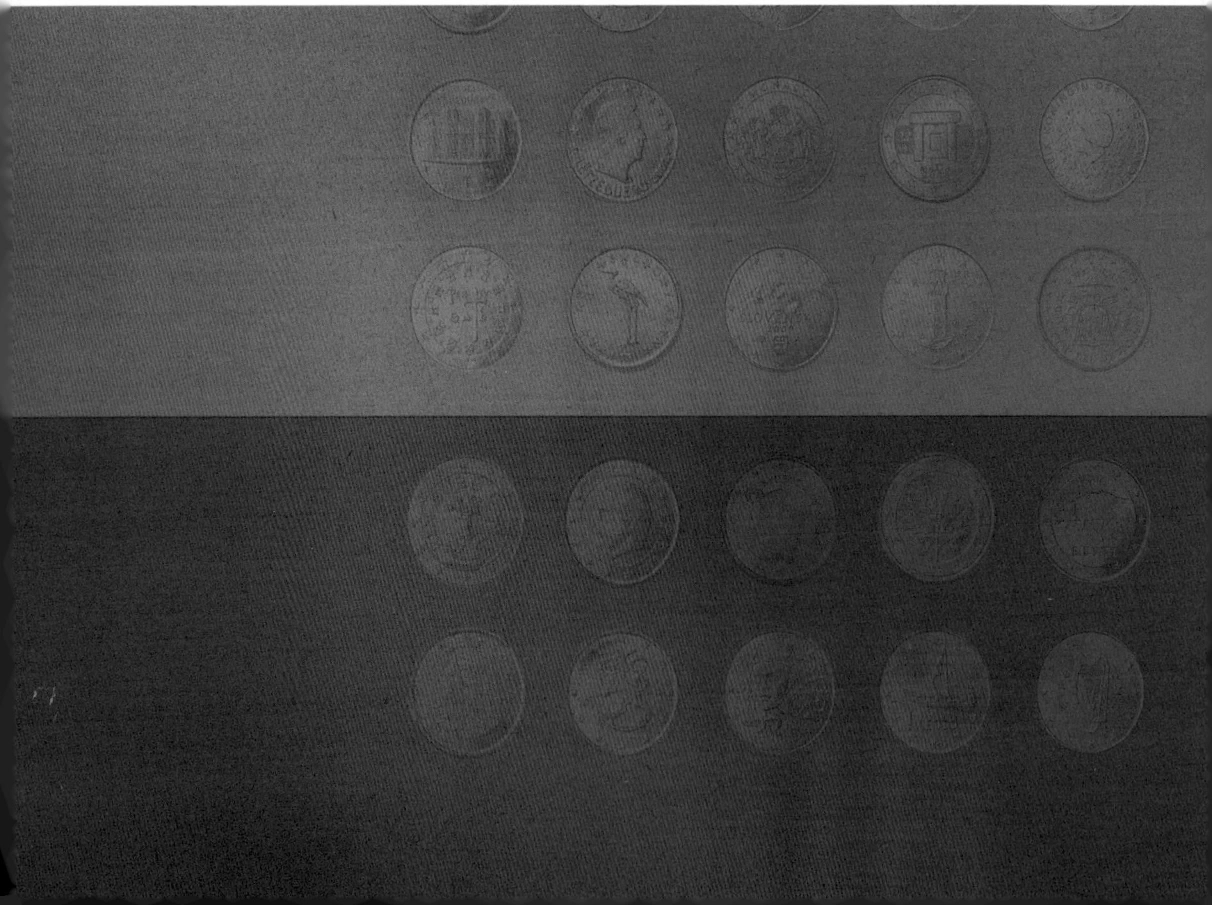

제8강

소비 지출

그가 얼마나 자기를 영화롭게 하였으며 사치하였든지
그만큼 고통과 애통함으로 갚아 주라
(계 18:7)

28 너희 중의 누가 망대를 세우고자 할진대
자기의 가진 것이 준공하기까지에 족할는지
먼저 앉아 그 비용을 예산하지 아니하겠느냐.
29 그렇게 아니하여 그 기초만 쌓고 능히 이루지 못하면
보는 자가 다 비웃어 30 이르되
이 사람이 공사를 시작하고 능히 이루지 못하였다 하리라
(눅 14:28-30)

01

성경과 소비 지출

풍요로운 시대를 살아가는 우리에게 물질 만능주의 가치관은 소비생활을 왜곡시키며, 사치와 쾌락과 과소비로 인한 재정적, 심리적, 사회적 병폐 현상은 시간이 흐를수록 더욱 깊어지고 있다. 과소비는 절제할 줄 모르는 탐욕의 소산이다.

탐욕은 분수 이상의 것을 탐하는 것으로 성경은 이를 우상숭배라고 분명히 경고하고 있다. 그러므로 그리스도인들은 절제와 절약의 삶을 살아야 한다. 하지만 현실은 그렇지 못하다. 그러므로 과소비로 인한 무절제한 삶에서 돌아서서 건전하고 합리적인 소비 생활과 소외된 이웃을 돌아보는 삶을 살아야 한다. 이것이 공급자이신 하나님께서 우리에게 복을 주신 이유이기 때문이다.

하나님은 우리의 공급자이지만 욕망이나 욕심, 즉 탐욕까지 채워 주시겠다고 약속하신 것은 아니다. 탐욕의 이유는 우리 관심이 하나님이 아닌 세상의 쾌락과 부귀영화에 있기 때문이며, 하나님께서는 염려를 내게 맡기라고 말씀하셨음에도 불구하고 재산이 많아야 삶이 보장된다고 생각하기 때문이다.

기독교인들의 영성을 측정하는 방법으로는 소비생활이 좋은 잣대가 될 수 있다. 소비 지향적 사회에서 구별된 기독교인들의 소비야 말로 정직한 영성의 거울이 된다.

우리는 매달 카드명세서를 받아 보게 된다. 그 명세서에는 어떤 내용이 있는가? 이 내역이 오늘 내 소비의 현주소이자 내 마음이 있는 곳이다.

잘못된 소비 행태의 원인들

1) 건전한 노동윤리의 부재: 부동산 투기나 불로소득으로 인한 소비 증가

2) 체면 의식과 허례 허식: 결혼 비용의 증가 등

3) 한국의 독특한 음식 및 접대 문화

4) 고급 브랜드 선호

5) 향락과 과소비

월급 사용내역

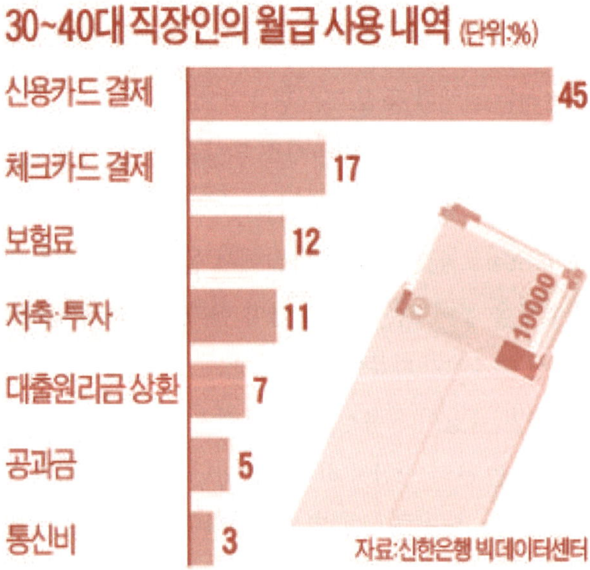

소비에 대한 성경의 관점

1) 하나님의 목적에 맞는 소비

모든 재산권은 법적인 측면에서가 아닌 창조주 목적에 맞게 사용되어야 한다. 재산은 나의 이기적 목적을 위해 사용하는 것이 아닌 하나님께서 주신 새 계명대로 하나님을 사랑하고 이웃을 사랑하는데 사용되어야 한다.

절제: 절제는 성령의 9가지 열매 중 마지막 열매이다. 성령의 8가지 열매를 잘 지켜도 절제하지 못하면 실패한 삶이 된다. 성경은 절제하지 못하는 것이 말세의 징조라고 하였다(딤후 3:3). 또한 모든 신앙인의 덕으로(벧후 1:6) 그리고 교회 지도자가 반드시 지녀야 할 성품(딛 1:8)으로 가르치고 있다. 바울은 절제의 비결을 다음과 같이 이야기하고 있다.

> 그리스도 예수의 사람들은 육체와 함께 그 정욕과 욕심을 십자가에 못 박았느니라(갈 5:24).

즉 예수님 한 분만으로 만족하다는 고백으로 과소비의 욕망을 십자가에 못 박는 삶이 그리스도인이 가져야 할 절제의 미덕이라 할 수 있다.

2) 소비가 주는 쾌락을 배척

쾌락을 사랑하기를 하나님 사랑하는 것보다 더할 것(딤후 3:4)이라 하여 성경은 쾌락을 탐하는 삶을 경계하고 있다. 이는 현실적인 쾌락 때문에 하나님과 천국을 잃어버릴 영적 위험이 매우 크다는 것을 말한다. 그러므로 소비가 주는 달콤함에 결코 빠져서는 안 될 것이다.

> 성경은 먹든지 마시든지 무엇을 하든지 다 하나님의 영광을 위해서 하라(고전 10:31).

하나님의 영광을 위한 소비를 해야 한다. 이는 하나님이 주신 재물을 내 마음대로 사용해도 된다는 우리 생각을 정면으로 반박하고 있다.

올바른 소비 생활

> 12 그들이 배부른 후에 예수께서 제자들에게 이르시되 남은 조각을 거두고 버리는 것이 없게 하라 하시므로 13 이에 거두니 보리떡 다섯 개로 먹고 남은 조각이 열두 바구니에 찼더라(요 6:12-13).

1) 소비의 원칙

행위의 3원칙은 필요성의 원칙, 소득 범위의 원칙, 우선순위 원칙(더 가치 있고 긴요한 것 우선)이다. 필요한 것과 원하는 것을 구별하고 방치된 습관은 욕망이 되고, 그 습관을 거부하지 않으면 필요가 된다고 하였다.

2) 윤리적 소비생활

"모든 것이 가하나 모든 것이 유익한 것은 아니요"(고전 10:23)라고 사도 바울은 말하고 있다. 내 돈을 내 마음 대로 쓸 수 없다. 내 돈이 아니라 하나님의 것이기 때문이다. 우리는 하나님과 이웃 사랑을 실천하기 위하여 가능한 것을 포기할 수 있어야 한다. 정당한 구매라도 이것으로 인해 상처 입을 사람, 상대적 빈곤감, 가르침과 다른 삶으로 인한 상처 등이다. 그러므로 윤리적 소비생활의 실천 방안으로 자기가 구입하려는 물건을 한 단계 낮추어 구입하자(물건, 집, 외식 등). 이것은 소극적 윤리 같지만 사랑의 적극적 표현이다.

그러므로 소비할 때는 윤리적 판단을 하자. 생명과 자연을 파괴하지 않는 제품을 구입한다. 희망 무역 상품과 로컬푸드 등을 이용하고 소비자로서 적극적인 목소리를 내야 한다.

3) 보는 것을 줄이자

인류의 타락은 '보암직한 선악과'에서부터 시작되었다고 할 수 있다. 견물생심, Window-Shopping, Home-Shopping, 즉 물건을 봄으로써 우리 마음이 소비 성향으로 바뀔 수 있다.

4) 소비 금액을 버는 데 드는 노력과 시간으로 환산

예를 들어 3,000만 원 정도의 차를 산다면 연봉 3,000만 원인 사람이 일 년 동안 아침에 출근해서 땀 흘려 한 푼도 쓰지 않고 저축해야 하는 돈이고, 월 250만 원씩 저축해야 하는 돈이다.

5) 이 돈으로 살 수 있는 다른 가치 있는 것과 비교

100만 원짜리 옷값으로 지불한 돈으로 살 수 있는 성경책은 몇 권인가?

6) 충동구매 억제하기 위해 구매 목록 작성

7) 제품이 아닌 가격을 먼저 보자

8) 총 비용의 개념

9) 물건을 사기 전에 던질 기본 질문들

① 이 물건이 내게 정말 필요한가?

② 없어도 전혀 지장이 없는 물건은 아닌가?

③ 유지비는 저렴한가?

④ 대여해서 쓰면 더 싼 물건은 아닌지?

⑤ 이 물건이 가족을 하나 되게 하는 물건인지, 분열시키는 물건인지?

10) 포스터(R. Foster)가 제시한 올바른 소비 행위

① 물건을 살 때 위신에 관계없이 실용성과 경제성에 따라 사라.

② 텔레비전이나 커피처럼 탐닉하게 하는 것을 물리쳐라.

③ 물건들을 남에게 주어버리는 습관을 길러라.

④ 소비를 현혹하는 광고에 속지 말라.

⑤ 소유하지 않고도 즐기는 법을 배워라.

⑥ 자연을 깊이 감상하고 즐기는 법을 배워라.

⑦ 지금 사고 값은 나중에라는 할부, 신용카드의 유혹을 물리쳐라.

11) 작은 혼례, 장례식

12) 냉장고를 비우자

13) 남에게 보이기 위한 지출 억제

14) 재활용, 재사용: 고칠 바에야 새로 사겠다는 것은 진리가 아님

15) 물 절약: 받아서 사용

16) 전기 절약: 안 쓰는 코드는 뽑자

17) 물품 나눔 (중고 가구, 구제 의류, 헌책, 어린이 용품): 중고물품이 꺼려지는 것은 편견이다. 선진국 사람들은 오래된 것을 가치 있는 것으로 생각한다.

나의 과소비 지수 알아보기

1) 월 평균 수입에서 월 평균 저축을 뺀 값을 월 평균 수입으로 나눈다

$$\frac{\text{월 평균 수입} - \text{월 평균 저축}}{\text{월 평균 수입}}$$

2) 1번에서 나온 값

① 1 이상: 재정적으로 매우 위험한 상태, 소비성향을 점검해 보고 수정해야 한다.

② 0.7~1 미만: 과소비 상태, 소비를 줄여야 한다.

③ 0.5~0.7 미만: 적당한 소비 수준. 지금 수준을 유지하거나 더 나은 삶을 위해 더 줄이는 것이 좋다.

④ 0.5 미만: 구두쇠 속성을 가지고 있기 때문에 소비를 조금 늘려도 좋다.

02

성경과 절약

요한복음 6장 12절의 '남은 조각을 거두고 버리는 것이 없게 하라'는 말씀은, 오병이어를 언제든 행할 수 있는 예수님도 절약을 강조하셨다. 절약은 동물적 본능에 대한 이성의 지배라고 할 수 있다.

1) 재활용 재사용

고칠 바에야 돈을 조금 더 써서 새것을 사겠다는 것은 진리가 아니다.

2) Buy Nothing Day

아무것도 사지 않는 날을 정해서 실천하자.

3) 절약 금액을 비율로 계산

1,000원 짜리 초콜릿이 있는데 품질이 비슷한 다른 700원 짜리 제품이 있다. 이때 700원 짜리 제품을 구입했다면 절약한 300원이 적은 것 같지만, 나는 30%를 싸게 산 것이다.

4) 물·전기 절약 등

① 받아서 모아서: 양치 컵, 설거지. 세수

② 정수기(정수하기 위해 전기 과소비) 대신 끓여서 먹기

③ 샤워 15분 이내

④ 플러그 빼기, 소등, 절전

⑤ TV 시청 줄이기

⑥ 세탁 주방세제 사용량 줄이기

⑦ 스마트폰 스마트하게 사용하기, 스마트폰 보관 바구니(교회, 가정) 가족과 식사할 때 잠자기 전 스마트폰 사용 제한, 유행에 따른 단말기 교체하지 않기

5) 너무 큰집이 아닌 가족 구성원에 맞는 집에서 살자

6) 중고물품을 꺼리는 것은 편견이다

쓰지 않는 물건이 한 가정 당 평소 약 200여 종이라고 한다. 이것을 다른 사람과 나누자.

7) 나만의 정리의 날

정리의 날을 정해서 소유를 줄이고 버릴수록 삶의 공간은 더 여유로워지고 정신까지 맑아진다.

8) 사용하지 않는 물품 정리 이웃이나 제3세계 보내기

결론적으로 성 프란치스코처럼 소유물로부터 자유함으로 누리자. 그러기 위해서는 소유하지 않아도 행복한 것들, 즉 예배, 말씀, 기도, 햇빛, 새, 꽃들, 시, 음악, 그림 등에 관심을 가지고 살자.

나눔 자료

1. 고린도전서 10장 23절을 읽고 윤리적인 소비생활이란 어떤 것이라고 생각하십니까?

2. 당신은 소비에서 총비용의 개념을 알고 있습니까?
서로 이야기를 나누어 보세요.

3. 항상 돈이 부족하다고 느끼는 이유는 무엇 때문이라고 생각하십니까?

4. 최근 3개월 내에 가장 비싸게 구입한 품목을 3가지 이상 적어보고 지금도 구입한 물건이 나에게 꼭 필요하다고 생각하십니까?

5. 내가 고쳐야 하는 소비 행태는 무엇입니까?

6. 어떻게 하면 소유하지 않고 즐기면서 살 수 있을까요? 서로 이야기해 보세요.

실천 과제 적용하기

소유권 양도 각서

-
-
-
-
-
-
-

참고자료

❖ 베블린 효과값이 비쌀수록 더 잘 팔리는 현상

- 과시적 소비를 사회적 지위의 상징으로 여김

❖ 스놉 (Snob) 효과값이 내리면 수요 감소

❖ 백만장자의 살림살이

- 새가구를 사기보다 쓰던 가구를 수선한다.
- 신발은 창을 갈거나 수선해서 신는다.
- 쇼핑할 때 할인쿠폰 사용
- 생활용품을 묶음으로 사용

❖ Y = C+S

소득 = 소비 + 저축소득은 통제하기 어려우므로 소비를 줄이면 당연히 저축은 늘어난다.

❖ 경주 최부자집 가훈

- 진사(제일 낮은 벼슬, 단순 명예직) 이상의 벼슬을 하지 말라.
- 재산은 1년에 1만 석 이상의 재산은 사회에 환원하라.
- 나그네를 후하게 대접하라.
- 흉년에는 땅을 사지 말라.
- 가문의 며느리들이 시집오면 3년 동안 무명옷을 입혀라(3년 동안 비단옷을 입히지 마라).
- 사방 100리 안에 굶어죽는 사람이 없게 하라.

❖ 80:10:10 법칙

- 80%의 사람들은 인생에 대한 막연한 계획을 가지고 있다.
- 10% 사람들은 계획은 있지만 실행하지 않는다.
- 10%의 사람들은 구체적인 계획을 가지고 있으며 실천한다. 이들이 어느 조직에서든지 리더들이다.

❖ 카페라테 효과

1잔 4,500 * 30=135,000

기대수익율 6%

물가상승율 3%

30년 후 1억 8천 만원

❖ 봉투 분류법

미국의 은행에서 가계수표를 사용할 때 쓰던 방식에서 유래

- 지출항목에 따라 봉투를 분류한다.
- 봉투에 항목과 예산 금액을 적는다.
- 쓸 때마다 봉투에 적는다. 초과 시에는 사용하지 않는다.

❖ 최초 가계부_

솔로몬이 풍성한 삶을 살았다는 기록 목적 외에 지출 통제를 위해 가계부를 작성한 것을 그효시로 본다(왕상 4장 22-23절).

❖ 마음의 회계(Mental Accounting)

어떤 돈은 다른 돈보다 가치가 낮은 것으로 간주하여 함부로 낭비해 버리는 현상. 누구나가 마음의 회계 장부가 있고 자기 기준에 따라 돈을 사용한다.

❖ 지출 예산 비율

헌금 + 구제: 10% +	의류: 5%	
주거비: 15%	문화: 5%	
식비: 10%	의료: 5%	
자동차: 10%	저축: 20%	
보험: 3%	빚상환: 10%	기타 : 7% +

<중산층 주요 생활비 구성>

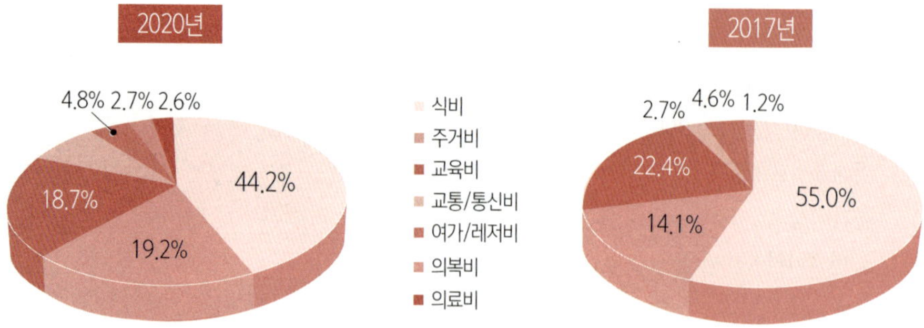

※ 자료 : NH투자증권 100세시대연구소

❖ 참조틀(Frame of reference)

재화나 용역을 구매할 때 각 사람에게 기준이 되는 사회적 인식의 틀

❖ 가계저축률

가계순저축(가계가처분 소득 - 가계 최종 소비지출)을 가계처분 가능소득으로 나눈 비율

제9강

재정 예산

너희 중의 누가 망대를 세우고자 할진대
자기의 가진 것이 준공하기까지에 족할는지
먼저 앉아 그 비용을 예산하지 아니하겠느냐
그렇게 아니하여 그 기초만 쌓고 능히 이루지 못하면
보는 자가 다 비웃어 30 이르되
이 사람이 공사를 시작하고 능히 이루지 못하였다 하리라
(눅 14:28-30)

01

성경과 예산

가정에서 재정 관리에 실패하는 것 중 가장 큰 것은 예산을 세우지 않고 무절제하게 소비하고 있기 때문이다. 과소비는 결핍에서 온다. 그러나 인간은 이 세상의 것으로는 그것이 무엇이든 결핍을 완전히 채울 수 없다.

하나의 결핍을 채우면 또 하나의 결핍이 온다. 이 결핍은 하나님으로만 채울 수 있다. 또한 믿음대로 소비하면 하나님께서 그 때마다 채워 주신다고 생각하는 사람들이 있다. 이런 사람들에게 예산을 세우고 집행하고 평가하는 사람들은 믿음이 없는 것처럼 보일 수 있다.

하나님은 우리를 창조하실 때 목적과 계획을 가지고 계셨다. 계획대로 창조된 것이 보시기에 좋았다고 말씀하셨다. 그런 의미에서 하나님도 예산을 세우고 일하셨다고 할 수 있다. 그러므로 하나님은 계획자(Planner)로서 오늘도 그 계획대로 일하고 계신다. 하나님의 뜻은 우리가 생각하기에는 느린 것 같지만 그러나 분명한 것은 오늘도 이루어지고 있다는 것이다.

재정 예산은 하나님께서 공급해 주신 재물에 대해 드림과 나눔, 저축과 소비하는 것에 대해 숫자로 계획을 세우는 것이라고 할 수 있다.

예산은 낯선 곳을 찾아갈 때의 지도와 같다. 지도 없이는 목적지에 제대로 도착할 수 없다. 아마 길을 잃고 헤매게 될 것이다. 계획 없이 인생을 살아간다는 것은 모험이고 그만큼 위험한 일이다.

재정 예산은 돈을 어떻게 벌어서 써야 하는지를 숫자로 계획하고 실행, 평가하는 것이다. 즉 재정 예산은 우리가 청지기로써 재물을 잘 관리하기 위해 필요한 일이다.

예수님께서도 제자들에게 먼저 계획을 세우고 일하는 것이 매우 지혜로운 행위라고 말씀하심으로 예산의 중요성을 가르치셨다. 그러므로 우리도 돈을 벌고 드림과 나눔, 저축과 소비를 잘할 수 있도록 계획해야 하며 이를 숫자로 세우는 것을 예산이라고 한다.

우리는 청지기로써 올바른 예산을 세워 하나님께서 우리에게 주신 것들을 잘 사용하여 보시기에 좋았더라는 평가를 받아야 한다.

성경 최초의 가계부는 열왕기상에 나타나는데 솔로몬이 풍성한 삶을 살았다는 기록 목적 외에 지출 통제를 위해 가계부를 작성하였다.

> 22 솔로몬의 하루의 음식물은 가는 밀가루가 삼십 고르요 굵은 밀가루가 육십 고
> 르요 23 살찐 소가 열 마리요 초장의 소가 스무 마리요 양이 백 마리이며 그 외에
> 수사슴과 노루와 암사슴과 살진 새들이었더라(왕상 4:22-23).

그러므로 일일 가계부 예산 뿐만 아니라 평생의 생애 주기별 재무 예산을 가지고 있어야 균형과 조화를 이룬 삶을 살 수 있다.

1) 생애 주기별 재무관리

한 개인은 성장하면서 시간의 흐름에 따른 일련의 과정을 거치게 되는데 이를 생애주기라 하고, 각 시기마다 재무적으로 해야 할 일을 잘 관리해야 한다.

생애 주기별 재무관리

생애주기단계	재무목표	해야 할 일	재무적 실수
결혼준비기	•경제적 독립 준비 •취업 •결혼 준비	•저축극대화 •종자돈	•재무설계 없음
신혼기	•경제적 독립 •주택자금 마련	•저축 후 지출	•소득 전부 지출
자녀출산 양육기	•자녀 양육비	•금융상품가입 •보험가입	•과도한 자녀 양육
자녀교육기 (성장기)	•자녀 교육자금	•주택구입 확장	•과도한 사교육비 •증가한 소득관리 실패
자녀독립기 (은퇴준비기)	•자녀 결혼비용	•안정성과 유동성 중시	•과도한 결혼 비용
은퇴기	•은퇴 후 자금	•연금상품 •건강에 투자 •수입 확보	•노후 자금 마련 실패

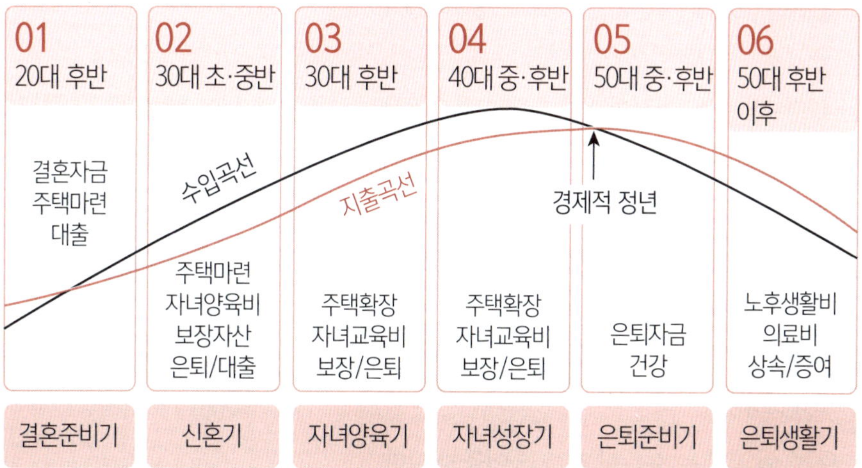

그림에서 중요한 것은 수입 곡선과 지출 곡선인데 은퇴기인 50대에는 지출 곡선이 수입 곡선을 역전하는 시기다. 이를 '경제적 정년'이라고 이야기한다. 이 시기를 슬기롭게 이겨내기 위해서는 은퇴기 이전에 경제적인 재무 설계를 하고 실천해야 한다.

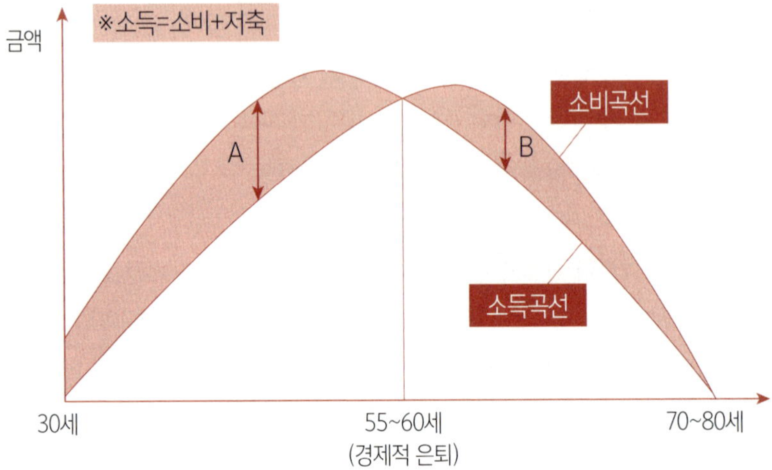

2) 생애 주기 곡선(한국경제신문 TESAT 인용)

① A에서는 소득이 소비보다 크다.

② A는 (+)저축, B는 (-)저축으로 볼 수 있다.

③ 경제적 은퇴 이후 국민연금 수혜 규모가 커지면 B가 작아질 수 있다.

④ 경제적 은퇴 이전의 A가 은퇴 이후의 B를 대체할 수 있어야 바람직하다. 즉 경제적 은퇴 이전의 저축(A)이 경제적 은퇴 이후의 지출(B)과 같거나 많아야 한다.

⑤ 생애 주기에 따라 시기별로 개인의 소득과 소비 수준은 달라진다.

⑥ 소득이 소비보다 많은 시기가 있는가 하면 소비가 더 많아 자금이 부족한 시기도 있다.

⑦ 직업을 가진 뒤부터 소득이 생겨 중·장년기에는 일생 중 소득이 가장 높게 나타난다.

⑧ 은퇴 후에는 소득이 점차 줄어들게 된다.

⑨ 은퇴 이후 안정된 노후를 대비하기 위해 일생의 소득과 소비를 고려한 자산관리가 중요해지고 있다.

⑩ 문제의 소비 곡선과 소득 곡선의 교차점은 '소득 = 소비'이므로 소비가 0이 아니라 저축이 0이 된다.

⑪ A에서는 소득이 소비를 초과하고 소득은 소비 + 저축이므로 A는 (+)저축이다.

⑫ B는 소비가 소득을 초과하고 있어 (-)저축으로 볼 수 있다.

⑬ 은퇴 이후 받는 국민연금액이 커지면 소득이 증가하므로 B가 작아질 수 있다.

3) 예산을 세워야 하는 이유

성경은 미래 재무 목표를 달성하기 위해 계획을 수립하고 준비하라고 말씀하신다. "네 일을 밖에서 다스리며 너를 위하여 밭에서 준비하고 그 후에 네 집을 세울지니라"(잠24:27).

① 잘못된 소비습관을 절제하는 훈련

② 가계 경영을 수지를 따져가며 운영

③ 재정예산대로 살면 삶의 안정과 영적 평안을 얻는다.

④ 미래에 대한 희망과 확신을 갖기 위하여

⑤ 특히 장기 생활설계가 필요한데 이는 평균 수명의 연장으로 은퇴 후 생활기간은 길어진 반면 사회보장제도는 불충분하다.

4) 재정 예산을 세우기 전의 질문

① 하나님이 기뻐하시는 하나님나라의 확장을 위한 것인가?

② 재정예산 이루기 위해 정직한 양심으로 하나님께 도움을 요청할 수 있는가?

③ 이 예산을 성취해 가면서 더 나은 인간이 될 수 있는가?

④ 내 양심에 저촉되는 것은 없는가?

⑤ 이 재정 예산을 이루기 위한 대가를 치를 준비가 되어 있는가?

5) 재정 예산 작성의 기초

가계부를 꼼꼼히 기록하는 것은 물론 개인의 자산부채 수입, 지출명세서가 기초가 된다. 이를 바탕으로 예산을 세우고 예산 대비 실적을 분석 평가하는 것이다. 가계부를 작성할 때적자에 시달리는 생활을 하고 있다면 사단은 당장 집어치우라고 할 것이다. 그러나 중단하지 말라. 예산을 세우고 이를 실행하는 것은 생활이 어려울수록 더욱 필요하다.

우리를 향한 하나님의 자원은 풍부하시다. 그러므로 믿음으로 예산을 세울 준비를 해야 한다. 우리가 이 땅을 살아가는 동안 돈 문제는 결코 피할 수 없으며 빚에서 탈출하고 재정적 자유를 누리기 위한 방법이 예산을 잘 세우고 실행하는 것이다.

6) 재정 예산의 흐름

① 재무상태 파악: 소득, 지출, 부채, 자산 등 전년도를 기준으로 해야 하지만 자료가 없는 경우 한 달 간의 자료를 가지고 예산을 세워야 한다.

② 목표 설정: 드림, 나눔, 부채상환 등

③ 대안 모색: 현재의 상황을 확대 유지할 것인지 완전히 새로운 안을 모색할 것인지 결정

④ 대안평가 분석: 실행 가능한 대안을 찾기 위한 분석 예산 통제, 소비 지출 절약, 내가 잘하는 것, 지금 할 수 있는 일은 무엇인가? 부업을 찾아보고 새로운 사업을 구상 등 분석한 안을 실행: 지금 당장 실천해야 한다.

⑤ 끊임없이 정기적으로 평가하고 수정 보완해야 한다.

7) 재정 예산 수립의 원칙

① 모든 가족이 참여하고 특히 부부가 일치된 예산을 짜야 한다. 이는 가정의 현재 상태를 이해하고 각자 자기가 해야 할 일을 알 수 있다. "의논이 없으면 경영이 무너지고 지략이 많으면 경영이 성립하느니라"(잠 15:22).

② 실행이 가능한 예산을 세워 이를 실천함으로서 성취감을 느낀다.

③복잡하지 않고 단순하게 세워라.

나눔 자료

1. 당신은 재정에 대한 예산이 있습니까? 예산 계획이 없다면 그 이유를 나누어 보세요.

2. 나의 가계 재무관리에서 고쳐야 할 점은 무엇입니까?

3. 당신은 가계부를 작성하고 있습니까? 가계부 작성이 어렵다면 그 이유는 무엇이며, 가계부를 쓰기 위한 실천 방법에는 무엇이 있는지 나누어 봅시다.

4. 당신은 생애 주기 그래프상 어디에 해당됩니까? 생애 주기에 맞는 재무관리를 하고 있습니까?

5. 가족들과 재정에 대해 솔직한 대화를 나누고 있습니까?

6. 우리 가정의 재정 관리는 하나님이 기뻐하신다고 생각하십니까? 각자의 의견을 나누어 봅시다.

실천 과제 적용하기

내 일생동안 수입과 지출 계산해 보기

-
-
-
-
-
-
-
-
-

제10강

재정과 노후 설계

게으른 자여
개미에게로 가서 그가 하는 것을 보고 지혜를 얻으라
개미는 두령도 없고 감독자도 없고 통치자도 없으되
먹을 것을 여름 동안에 예비하며
추수 때에 양식을 모으느니라
게으른 자여 네가 어느 때까지 누워 있겠느냐
네가 어느 때에 잠이 깨어 일어나겠느냐
좀더 자자, 좀더 졸자,
손을 모으고 좀더 누워 있자 하면
네 빈궁이 강도 같이 오며
네 곤핍이 군사 같이 이르리라
(잠 6:6-11)

01

성경과 노후

성경의 노후

의학의 발전으로 우리는 100세 시대를 맞이하고 있다. 이와 함께 은퇴 후 노년기가 길어짐에 따라 노후 준비에 대한 중요함이 증대하고 있다. 기독교 신앙은 모든 것을 하나님의 뜻으로 돌리며 현실석 문세를 간과하여, 노후 대책을 소홀이 할 가능성이 높기 때문에 매우 염려가 된다. 우리는 철저한 노후 준비를 통하여 하나님께 영광을 돌리며 자족하는 삶을 살아야 할 것이다.

은퇴란 개인의 생애 주기에서 겪게 되는 중요한 사건 중 하나로, 일정한 나이가 되어 고용 관계 또는 취업 관계가 종료되는 것이다. 이는 공식적인 일에서 물러나는 사건이며, 은퇴자로 새로운 역할을 수행하기 위해 준비하는 단계에서부터 은퇴 후 적응까지 포함하는 과정으로 볼 수 있다.

성경에는 은퇴에 대한 다양한 사례가 있다. 연령에 대한 은퇴는 회막이나 성전의 일을 맡아서 하던 레위인들에게 50세 이후에는 쉬도록 하였다.

신체적 노화에 따른 은퇴 모습은 열왕기상 1장 1절에서 다윗 왕은 나이가 많아 이불을 덮어도 따뜻하지 않았다. 사명의 종결에 대한 은퇴는 모세가 여호수아를 안수

하는 모습에서 찾아볼 수 있다(민 27:18). 그리고 엘리야가 엘리사에게 기름을 붓고(왕상 19:16) 승천한 이야기는 후계자에게 사역을 위임한 경우이다.

그러나 성경에는 진정한 의미에서 은퇴 개념이 없다. 신체적, 정신적, 노동 능력이 있는 사람을 단지 나이가 많다는 이유로 직장에서 물러나게 하는 것은 성경적이 아니다. 하나님께서 우리에게 맡기신 일을 하는데 은퇴란 있을 수 없다. 하나님께서는 우리가 일하기를 원하신다. 그럼으로 퇴직 후의 노후 설계를 잘 수립하여 하나님이 원하시는 삶을 살 수 있다.

노후 설계를 위해서는 성경 관점에서 바라보는 것이 중요하다. 세상의 기준이 무엇이든 간에 우리는 하나님의 기준에 따라야 하고 성경 가치를 실현해야 한다.

1) 노화에 대한 성경적 관점

인간은 태어나면서부터 죽음을 향해 나아가는 존재이다. 에덴동산에는 죽음이 없었지만 아담이 선악을 알게 하는 나무의 실과를 먹은 사건 이후, 인간은 사망을 맞이하게 되었다.

> 너는 흙이니 흙으로 돌아갈 것이니라 하시니라(창 3:19).

그러나 감사하게도 하나님은 우리를 버리지 않으시고 영원한 생명을 주시기 위해, 예수 그리스도를 보내셔서 죽음을 이기고 부활하신 예수님으로 인해 구원 받았다는 사실이다.

시간이 흐를수록 우리의 겉사람은 쇠퇴해져 가지만 속사람은 날로 새로워져 간다. 그러므로 물질 때문이 아니라 하나님으로 인해 기쁘고 즐거우며 아름답게 하루하루를 살아갈 수 있다.

2) 장수한 성경의 인물들

인물	나이	인물	나이
아브라함	175	이삭	180
야곱	147	요셉	110
모세	120	여호수아	110
갈렙	85	다윗	70
욥	140	여호야다	130
안나	100	사도 요한	100

3) 노년은 하나님의 축복이다

> 백발은 영화의 면류관이라 의로운 길에서 얻으리라(잠 16:31).

장수는 하나님의 말씀에 순종하며 산 사람들에게 주어지는 축복이다. 또한 십계명의 제5계명에서 네 부모를 공경하라고 함으로써 노인을 존경하라고 가르치고 있으며 지혜자로 인식한다. 노년은 하나님께 쓰임 받는 시기이기도 하다. 아브라함은 75세에 부름받아 믿음의 조상이 되었으며, 모세가 고통 받는 이스라엘 민족을 애굽에서 해방시킨 나이도 80세였다.

노년기의 재무 특징

노년기는 경제적인 정년기이기 때문에 수입보다 지출이 많은 시기이다. 그러므로 이 시기는 마이너스를 벗어나기 어려운 때이다.

저금리 시대인 지금 상황을 생각해 볼 때 최상의 재무 설계는 평생 현역으로 일하는 것이다. 그래야만 건강한 삶을 살아갈 수 있을 뿐만 아니라 재무적으로 유동성을 확보할 수 있다.

미래에셋은퇴연구소에서는 성공적인 재취업을 위한 필수 요건 5가지를 제시하였다

① 예상보다 빠른 퇴직, 체계적 재취업 준비가 필요하다.

② 전문성을 확보하고 인적 네트워크를 구축한다.

③ 일자리 포트폴리오를 구축한다.

④ 퇴직하기 전에 '재정소방훈련'을 실시한다.

⑤ 근로소득 감소를 금융소득으로 보완하는 체계적 구조를 만든다.

이 밖에도 안정적 자산운용, 자산 포트폴리오 설정, 상속 및 증여설계 등이 있다. 여유 자금도 장기 금융상품보다는 단기 금융상품을 주로 활용하여 현금을 관리해야 한다. 사후에 대해서도 치밀한 계획을 세워야 하는 시기로 증여 및 상속 그리고 사회적 기부에 대해 깊이 생각해야 한다.

02

노후 준비 미래 설계

노후의 재무 설계

우리는 미래를 알 수 없다. 그러나 우리가 할 수 있는 일은 미래를 준비하는 것이다. 우리는 4차 산업혁명과 100세 시대를 눈앞에 두고 있다. 노후 준비와 미래 재무 설계를 해야 하는 이유는 우리 노후가 재앙이 아닌 축복받는 행복한 미래를 위해서 이다

[은퇴준비에서 후회되는 것(1순위)]

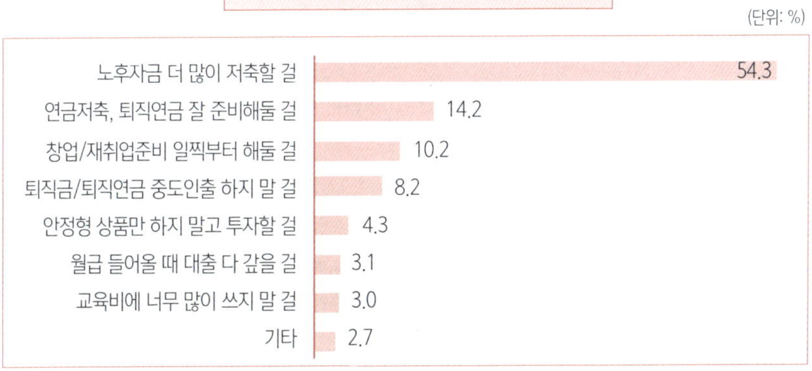

(출처: 미래에셋은퇴연구소 설문조사 2017. 05)

앞으로 우리 사회의 최대 현안이 고령화 문제가 될 것을 감안한다면 준비 없는 노후는 전 사회적인 재앙이 될 가능성이 높다. 2017년 기준 우리나라 노인 빈곤율은 43.8%로 OECD 35개 회원국 중 1위다.

65세 이상 노인 빈곤율

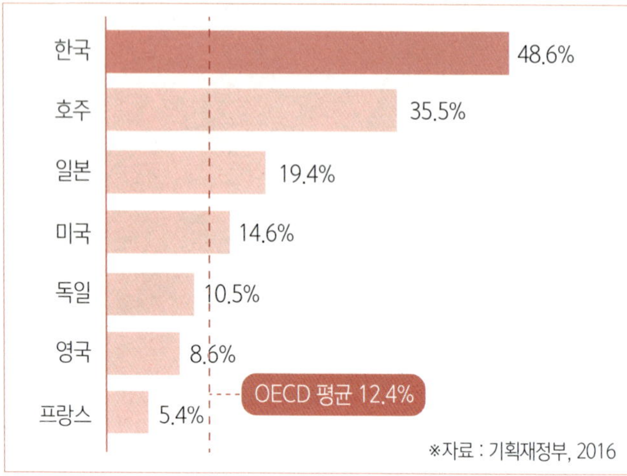

2017년 사회조사 결과에 따르면 우리나라 국민 중 34.6%가 노후 준비를 하지 않는 것으로 나타났다. 노후를 준비하지 않는 이유로는 '준비할 능력 없음(39.1%)', '앞으로 준비할 계획임(33.3%)', '아직 생각 안함(17.8%)' 등을 꼽았다. 여전히 많은 국민들이 준비를 소홀히 하고 있거나 막연하게 생각하고 있다는 얘기다.

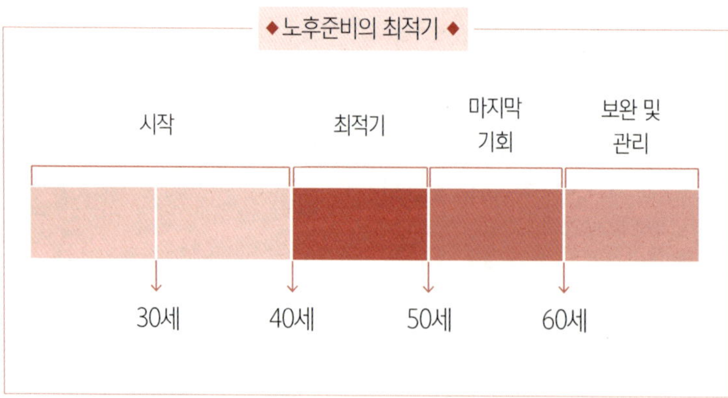

잠언에서 이야기하는 개미와 베짱이의 겨울이 다른 것처럼 내일을 준비하는 사람과 그렇지 못한 사람의 미래는 다르다. 미래를 준비하되 근면하고 성실하게 오늘을 살아야 한다.

성공적인 노후 준비

1) 성공적인 은퇴 준비교육이 필요하다. 사회적 교육은 물론이고 교회도 개인의 특성을 고려한 맞춤형 재무교육 및 신앙교육이 필요하다

2) 우리나라 은퇴자들의 은퇴자금 부족은 상당히 심각한 수준으로 장기적이고 체계적인 자금 마련을 위한 준비가 중요하다

3) 노인 인구와 수명의 증가로 은퇴 인력에 대한 활용도를 높이기 위한 효율적이고 생산적인 대응이 필요하다.

4) 사회와 교회가 은퇴문제에 대해 공감하고 구체적인 인프라를 구축하는 것이 절대적으로 필요한 시기이다.

[노후 준비여부]

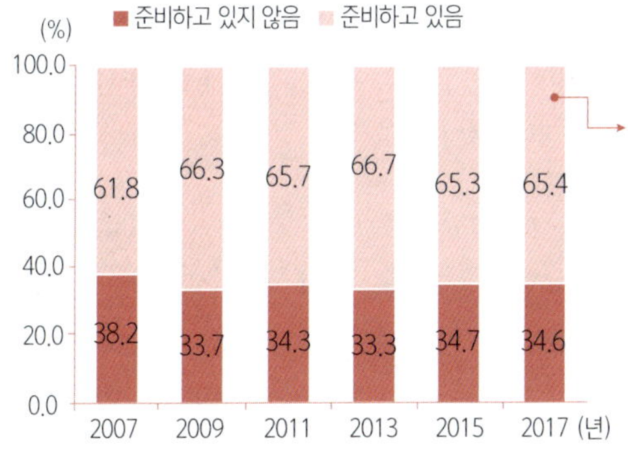

[노후 준비방법]

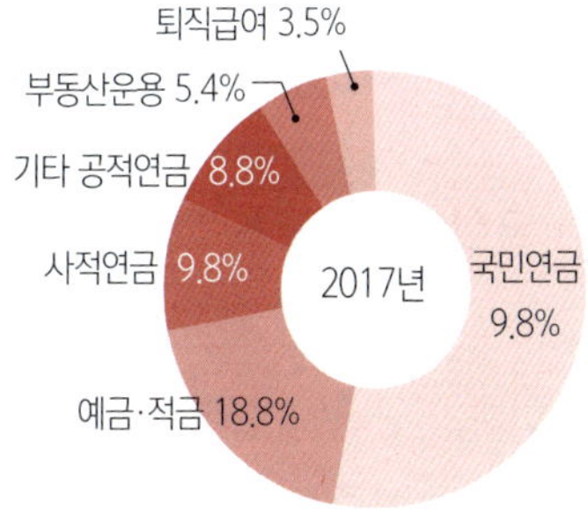

5) 지혜롭게 연금 및 보험에 가입한다. 하나님은 우리의 삶에 간섭하셔서 지키고 보호하시며 인도하시지만, 세상적인 제도와 지혜를 이용하는 것도 하나님의 손길이 미치는 것이다. 그러므로 보험은 믿음이 부족한 자의 선택이 아니다.

연금제도

우리나라 연금제도는 공적연금과 사적연금으로 구분하고 있다. 공적연금으로는 공무원연금, 군인연금, 사학연금 등이 있다. 국민연금은 국민을 대상으로 한 연금으로 1988년부터 시행하고 있다. 이 밖에도 퇴직연금, 개인연금, 주택연금 등이 있다.

한편 목회자들을 대상으로 각 교단별로 은급 및 연금제도를 시행하고 있다.

우리나라 다층 노후소득 보장체계

출처: 김원식(2016)

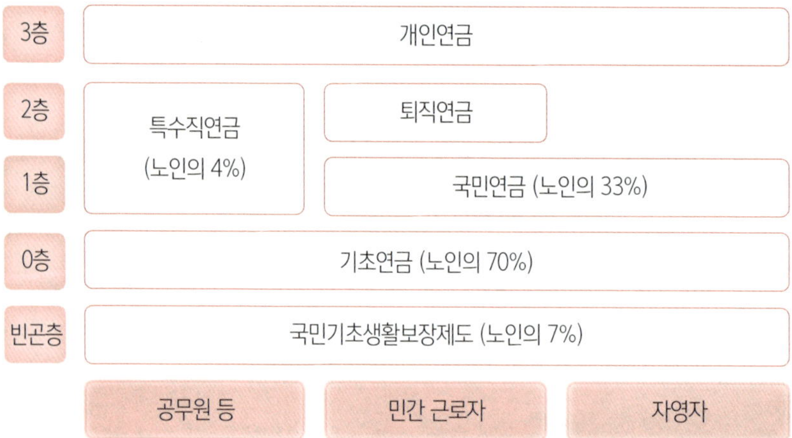

1) 목회자 연금

목회자 연금은 통합된 기구 없이 각 교단별로 운영하고 있으며, 구조와 운영 방식도 서로 다르다. 이 제도는 교회 내의 사회보장제도 성격이 강하다고 할 수 있다.

교단별 연금 현황

(단위:억, 명)

교단명	통합	합동	고신	기감	기성	기장	예성
시행년도	1960	1993	1994	1984	1977	1978	1988
총자산	5,200	338	713	620	647	470	73
가입자수	16,000	1,425	2,379	10,000	5,970	1,950	1,300
수급자수	1,150	269	69	2,150	832	560	85

(2020. 7월 현재 각 교단 홈페이지)

2) 주택연금

집을 소유하고 있지만 소득이 부족한 어르신들이 평생 또는 일정 기간 안정적인 수입을 얻으실 수 있도록 집을 담보로 맡기고 자기 집에 살면서 매달 국가가 보증하는 연금을 받는 제도로 가입요건은 다음과 같다.

부부 중 1명이 만 55세 이상, 부부 중 1명이 대한민국 국민, 부부 기준 공시가격 등이 9억 원 이하 주택소유자, 다주택자라도 합산가격이 공시가격 등이 9억 원 이하면 가능, 공시가격 등이 9억원 초과 2주택자는 3년 이내 1주택 팔면 가능하다.

월지급액 예시

(2021. 6 주택금융공사 홈페이지)

일반주택(종신지급방식, 정액형)

(단위: 천원)

	주택가격								
연령	1억원	2억원	3억원	4억원	5억원	6억원	7억원	8억원	9억원
50세	122	244	366	489	611	733	856	978	1,100
55세	160	320	480	640	800	960	1,120	1,280	1,140
60세	212	424	636	849	1,061	1,273	1,486	1,698	1,910
65세	253	507	760	1,014	1,268	1,521	1,775	2,028	2,282
70세	307	614	921	1,228	1,535	1,843	2,150	2,457	2,675
75세	378	756	1,135	1,513	1,892	2,270	2,649	2,893	2,893
80세	478	957	1,435	1,914	2,392	2,871	3,229	3,229	3,229

가입자가 연금수령액을 설계하는 주택연금

구분	정액형	초기 증액형	정기 증가형
연금 수령 방식	평생동안 동일한 금액을 수령	가입 초기 일정 기간동안은 정액형보다 많이, 이후에는 정액형보다 적게 수령	3년마다 4.5%씩 일정하게 증가한 금액을 수령
연금 수령 스케줄			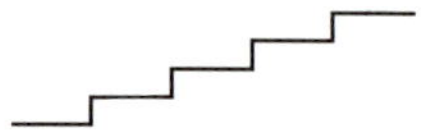
예상 가입 고객	종신까지 동일한 연금액을 받고 싶은 고객	은퇴 후 공적연금 수급개시 전이거나 자녀결혼·의료비 등으로 가입초기에 보다 많은 연금액이 필요한 고객	물가상승에 따른 구매력 하락을 보완하여 연금소득의 실질가치를 유지하고 싶은 고객

(2021. 주택금융공사 보도자료)

주택연금 가입자가 연금수령 방식을 선택할 수 있다.기존처럼 매달 일정액을 받는 방식이외에도 초기에 더 많이 받거나 증액기간을 3년, 5년, 7년, 10년 중에서 선택할 수 있다.

3) 퇴직연금

퇴직연금은 사회보장제도 역할을 수행하고 있다는 점에서 공적연금(public pension) 성격을 가지고 있다고 볼 수 있으나, 가입과 탈퇴가 자유로우며 관리 및 운영의 주체가 기업이라는 점에서 사적연금으로 간주된다. 또한 퇴직연금제도는 근로자에 대한 기업의 책임 의식에 근거를 둔 자혜의 성격과, 임금 급여의 한 부분으로 이해되는 것이 일반적이다

현재 국내 기업에 도입되어 운용되고 있는 퇴직연금제도는 연금제도의 설계와 특히 운용 형태에 따라 확정급여(DB)형 제도, 확정기여(DC)형 제도, IRP제도가 있다.

① 확정급여형(Defined Benefit Retirement) 퇴직연금제도란 근로자가 퇴직 후 받을 연금 급여가 이미 확정되어 있고, 다만 사용자가 부담해야 할 적립금액이 적립금의 운용 결과에 따라 변동될 수 있는 퇴직연금제도를 말한다.

② 확정기여형(Defined Contribution Retirement) 퇴직연금제도는 사용자의 부담금이 사전에 확정되고, 근로자가 받을 퇴직급여는 매년 일시금 기준으로 현행 법정 퇴직금 금액과 동일한 산정 방식에 의한 금액이다. 이것은 외부 전문 금융기관인 퇴직연금 사업자에게 위탁하고, 근로자의 책임하에 적립금을 운용하며 그 결과는 근로자에게 귀속하는 형태의 제도를 말한다.

③ 개인형퇴직연금제도(IRP: Individual Retirement Pension)란 근로자가 퇴직 시에 받은 퇴직금을 자기 명의의 퇴직계좌를 설정하여 불입하고 세제 혜택을 받으며 확정기여형과 같이 근로자 책임과 권한 아래에서 운용하다가 55세 이후에 연금 또는 일시금으로 수령하는 형태이다.

성경의 상속 증여

좋은 부모는 자녀에게 물질적인 유산을 남겨주어야 한다.

> 선인은 그 산업을 자자 손손에게 끼쳐도 죄인의 재물은 의인을 위하여 쌓이느니라(잠 13:22).

그러나 자녀가 물질을 지혜롭게 관리할 수 있는 청지기로 훈련되기 전까지 유산을 상속해서는 안 된다. 그렇지만 우리가 살아 있는 동안에 자녀들에게 증여하면 그 물질을 어떻게 사용하는지 살펴 볼 수 있으며 조언이 가능하다. 자녀에게 노동의 소중함을 느끼지 못할 정도의 재산을 물려주는 것은 도움이 되지 않는다. 자녀에게 하나님이 주신 재물을 잘 사용할 수 있고 청지기의 삶을 살아갈 수 있도록 재정교육을 시켜야 한다.

결론적으로 공급자이신 하나님께서는 우리에게 평생 재물 얻을 능력을 주셨다. 그럼에도 노후 설계는 젊어서부터 그 필요성을 인식하고 준비해야 한다. 재무 설계에서 미래의 재무 목표를 달성하기 위하여 생애주기에 필요한 자금을 미리 계획하고 준비해야 한다.

비단 재무적인 측면뿐만이 아니라 지역사회를 위한 나눔과 봉사의 삶을 살아야 한다. 재능과 시간을 나누는 노년의 삶은 활기차고 아름다우며, 또한 자손들에게 물려 줄 값진 자산인 신앙의 유산과 하나님이 주시는 지혜를 물려줄 수 있도록 해야 한다. 믿음과 신앙이 아닌 유산만 물려준다면 그 자체로 재앙이 될 수 있기 때문이다.

> 13 지혜를 얻은 자와 명철을 얻은 자는 복이 있나니 14 이는 지혜를 얻는 것이 은을
> 얻는 것보다 낫고 그 이익이 정금보다 나음이니라 15 지혜는 진주보다 귀하니 네가
> 사모하는 모든 것으로 이에 비교할 수 없도다 18 지혜는 그 얻은 자에게 생명 나무
> 라 지혜를 가진 자는 복되도다(잠 3:13-15, 18).

나눔 자료

1. 당신이 은퇴한 후에 하고 싶은 일은 무엇입니까? 나만의 새로운 명함을 만들어 보세요.

2. 지금 노후 준비를 어떻게 하고 있습니까?

3. 인생의 버킷 리스트를 10개를 작성해 봅시다.

4. 은퇴 자금은 얼마가 필요하다고 생각하십니까? 한 달 생활비는 얼마가 적당할까요? 부족한 생활비를 보충하기 위한 방법은 무엇인가요?

5. 현재 본인과 배우자의 건강 상태를 적어보세요. 건강관리를 위해 정기적으로 하고 있는 운동은 무엇인가요?

6. 은퇴 후에 꼭 참여할 모임을 적어보세요.

7. 웰 다잉과 사전 연명 의료 의향서에 대해 어떻게 생각하십니까?

실천 과제 적용하기

상속 재산 및 증여 재산 목록 만들기

-
-
-
-

참고자료

❖ 노마드족: 유목민들처럼 일자리를 찾아 옮겨 다니는 은퇴자를 말함

❖ 노령연금 감액

- 감액대상자: 월평균소득 > A값
- 월평균소득 (근로, 사업, 임대소득을 갖고 계산하며 필요경비는 제외)
- A값 (국민연근 전체가입자의 최근 3년간 평균소득 2019년 말 235만원)
- 감액금액: A값 초과금액의 5~25%
- 감액기간: 연금수급 개시 후 5년

❖ 은퇴 십계명

1) 인생의 3분의 1이 노년이다. 은퇴 후 어떠한 삶을 원하는지 구체적으로 구하라.
2) 꾸준한 자기 개발로 재이륙 준비를 하라.
3) 가족이 함께 준비하라.
4) 건강이 우선, 절제된 생활 습관을 가져라.
5) 노후자금 주머니는 따로 관리하라.
6) 연금(국민연금, 퇴직연금, 개인연금)은 반드시 챙긴다.
7) 인플레이션 위험을 피하려면 투자 상품과 친해져라.
8) 무리하게 자녀에게 투자하지 말라.
9) 인생 후반기를 함께할 친구 목록을 지금 만들어 보라.
10) 실천이 중요, 지금 바로 시작하라.

(행복한 100세 시대를 위한 세드에이지 생활설계하기, 우리투자증권, 2013)

❖ 은퇴관련 정보

1) 은퇴설계국민연금 노후설계 서비스 https://csa.nps.or.kr/main.do
100세누리 http://www.100senuri.go.kr/main/main.do
대한노인회 http://www.koreapeople.co.kr/
보건복지부 http://www.mohw.go.kr/react/index.jsp

2) 자산관리
국민연금 관리공단
공무원연금관리공단

사립학교교직원연금공단
군인연금관리공단
생명보험협회
손해보험협회
한국주택금융공사
통합연금포탈

3) 일자리
워크넷
고용센타
고령자취업알선센타
중년일자리희망센타

4) 건강
국민건강보험공단
국가건강정보포탈
4대사회보험

5) 사회봉사 여가
서울시50플러스포탈
한국자원봉사협의회
서울인생이모작지원센타

6) 연명
국민연명의료관련기관

❖ 베이비 부머
우리나라의 베이비 부머는 6.25전쟁이 끝난 후인 1955년부터 1963년 사이에 출생한 사람들로 최근 수년간 베이비 부머의 은퇴가 본격적으로 시작되어 사회 경제적 큰 변화가 진행되고 있다.

❖ 사전연명의료의향서
자신이 향후 임종 과정에 있는 환자가 되었을 때를 대비하여 연명 의료 및 호스피스에 관한 의향을 직접 문서로 작성할 수 있다.

제11강

재정과 영생

사랑하는 자들아
거류민과 나그네 같은 너희를 권하노니
영혼을 거슬러 싸우는 육체의 정욕을 제어하라
(벧전 2:11)

01

성경과 영생

자본주의 시대를 살아가는 그리스도인들은 물질 만능주의를 늘 경계해야 한다. 이것은 그리스도인들이 도달해야 할 목적지가 천국이 아니라 이 땅이라고 속이기 때문이다. 그리스도인들이 세상을 살아가는 삶의 자세는 위에 것을 생각하고 땅의 것을 생각하지 않는 것이다.

나의 마음은 지금 이 땅에 있는가? 하늘나라에 있는가? 이 땅에서 필요한 것은 순례자의 정신과 우리 본향이 하늘나라임을 잊지 않는 것이다. 우리의 시민권은 하늘나라에 있고(빌 3:20) 그리스도인은 나그네 외인이다. 그러므로 늘 자신을 성찰하면서 방향을 잃어버리지 않도록 해야 한다.

재정을 다룰 때도 가장 중요하게 생각해야 하는 것이 영생, 즉 영원의 관점에서 재물을 바라보는 것이다.

> 오직 너희를 위하여 보물을 하늘에 쌓아 두라 거기는 좀이나 동록이 해하지 못하며 도둑이 구멍을 뚫지도 못하고 도둑질도 못하느니라(마 6:20).

우리 모두는 언젠가 죽는다. 이것은 진리이다. 주님께서 사랑하시기 때문에 우리를 택하셔서 구원 받게 하셨을 뿐만 아니라, 이 땅에서의 삶이 전부가 아니며 죽음

이후에 천국과 지옥이 있음을 알게 하셨고, 이 땅에서 재물의 사용에 따른 심판과 상급이 있음을 알게 하셨다.

하나님을 믿지 않는 사람들에게 삶은 이 땅에서 부귀영화를 누리며 살다가 죽는 것이다. 이는 아주 짧은 시간일 뿐만 아니라 가지면 가질수록 그것의 노예가 된다. 하나님의 사람들에게는 영생이 선물로 주어진다.

이 땅에서 영원히 사는 사람은 없다. 그러므로 오늘의 재정적인 모든 것들을 영원의 관점에서 바라보고 살아야 한다. 그 때 비로소 우리는 천국을 소유한 자가 되기 때문이다.

우리의 생활 방식

1) 탐욕을 경계하는 삶

탐욕은 하나님보다 물질을 더 우선한다는 증거이다. 하나님은 탐욕을 벌하셨다. 아나니아와 삽비라는 그들의 숨은 탐욕이 드러났을 때 즉사했으며, 발람 역시 마찬가지였다. 바울도 디모데전서에서 탐욕의 결과를 경고하였다. 탐욕은 우상숭배이므로 사탄의 역사이다. 그러므로 파멸과 멸망에 빠지는 지름길이다. 예수님이 책망하신 바리새인들은 돈을 좋아하는 사람들이고 율법주의자들이며 복을 받을 만한 일을 해서 복을 받았다고 생각하였다.

> 9 부하려 하는 자들은 시험과 올무와 여러 가지 어리석고 해로운 욕심에 떨어지나니 곧 사람으로 파멸과 멸망에 빠지게 하는 것이라. 10 돈을 사랑함이 일만 악의 뿌리가 되나니 이것을 탐내는 자들은 미혹을 받아 믿음에서 떠나 많은 근심으로써 자기를 찔렀도다(딤전 6:9-10).

숨은 탐욕은

1) 올무로 2) 여러 가지 해로운 정욕으로 3) 침륜과 멸망에 빠지게 하며 4) 돈을 사랑하는 자는 믿음에서 떠나며 근심으로 자기를 찌른다. 탐욕을 치료하는 해독제는 자족이다.

> 돈을 사랑하지 말고 있는 바를 족한 줄로 알라 그가 친히 말씀하시기를 내가 결코 너희를 버리지 아니하고 너희를 떠나지 아니하리라 하셨느니라(히 13:5).

행복과 소득 수준과의 관계

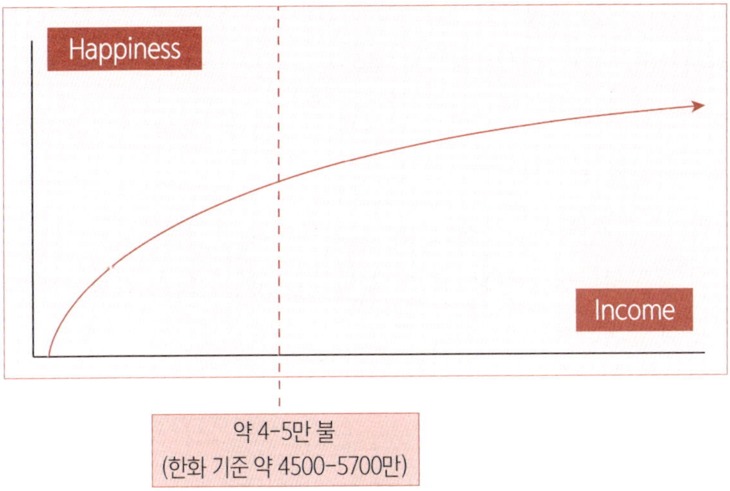

출처 : Kahneman, D., & Deaton, A. (2010). High income improves evaluation of life but not emotional well-being. *Proceedings of The National Academy of Sciences*, 107(38), 16489-16493.

특정 소득에 이를 때까지 행복은 소득에 정비례한다. 그러나 기본적인 의식주가 해결되고 특정 소득 수준을 넘어서면 소득에 따른 행복의 양은 감소한다.

2) 자족하는 삶

자족은 스스로 만족하는 마음의 상태를 말하는 것으로 하늘의 속성이다.

우리가 먹을 것과 입을 것이 있은즉 족한 줄로 알 것이니라(딤전 6:8).

바울의 고백: "내가 궁핍하므로 말하는 것이 아니니라 어떠한 형편에든지 나는 자족하기를 배웠노니 12 나는 비천에 처할 줄도 알고 풍부에 처할 줄도 알아 모든 일 곧 배부름과 배고픔과 풍부와 궁핍에도 처할 줄 아는 일체의 비결을 배웠노라(빌 4:11-12).

바울도 자족하기를 배웠다고 고백하므로 우리는 말씀 안에서 부지런한 학생으로 계속 살아야 한다. 내가 원하는 무엇이 채워져서 오는 것이 아니라 하나님께서 채우시는 대로 만족하고 감사하는 것으로 다음과 같은 마음가짐일 때 가능하다.

① 그리스도의 능력과 도우시는 하나님을 의지할 때 가능
② 나의 삶을 하나님의 관점 그리고 영생의 관점에서 볼 때 가능
③ 주 안에서만 가능
④ 심령이 가난한 자의 복, 하나님을 간절히 찾는 자, 하나님 아니면 안 되는 자로 살아갈 때 자족할 수 있다.
⑤ 우리 마음의 깊은 필요는 어떤 물건으로도 채워지지 않는다. 오직 예수님만으로 채워질 수 있다.

3) 이웃과 비교하지 않고 탐내지 않는다

네 이웃의 집을 탐내지 말라 네 이웃의 아내나 그의 남종이나 그의 여종이나 그의 소나 그의 나귀나 무릇 네 이웃의 소유를 탐내지 말라(출 20:17).

4) 단순한 삶(War time life)을 지향

우리는 매우 복잡하게 살고 있다. 전쟁 때 병사의 짐이 많으면 기동력이 떨어진다. 우리가 소유한 것이 너무 많으면 하나님과 관계가 멀어질 수 있고, 이 세상에 얽매여 살 수밖에 없기 때문에 영생과는 점점 멀어지는 것이다. 화려하고 크고 좋은 집에 살기 위해 집값을 지불하는 것은 인생의 절반을 바치는 어리석은 삶이다.

5) 하나님과 무관한 성공을 추구하지 말자

목적을 잃어버리는 부는 재앙이다.

6) 이 세대를 본받지 말자

세태, 풍조, 관습, 관례, 성형 등.

> 간음한 여인들아 세상과 벗된 것이 하나님과 원수 됨을 알지 못하느냐 그런즉 누구든지 세상과 벗이 되고자 하는 자는 스스로 하나님과 원수 되는 것이니라(약 4:4).

영생의 관점

1) 우리는 반드시 죽는다는 사실이다

이는 끝이 아니라 영원을 향한 출발점이다. 오늘 살아있다는 것은 준비할 기회를 얻은 것이다.

2) 이 땅에서 우리는 나그네요, 순례자임을 잊지 말자

이방인(빌 3:20), 사신(고후 5:20): 이 세상에 안주하다 돌아갈 고향과 임무를 잃어버려서면 안 된다. 나그네는 돌아갈 본향이 있으며, 반드시 본향으로 가는 것이 소망이다. 이 세상에는 우리가 영원히 머물 도성이 있을 수 없다. 그러므로 이 세상을 너무 사랑하면 이미 나그네가 아니다. 예수님께서도 요한복음 17장 14절에서 "내가 세상에 속하지 아니함 같이 너희도 세상에 속하지 아니"했다고 말씀하셨다.

> 내가 아버지의 말씀을 그들에게 주었사오매 세상이 그들을 미워하였사오니 이는 내가 세상에 속하지 아니함 같이 그들도 세상에 속하지 아니함으로 인함이니이다(요 17:14).

3) 모든 재물은 소멸하며 이 땅에 남겨두고 떠나가므로 재물을 쌓을 필요가 없다

4) 심판

심판의 날을 기억하며 오늘을 살자.

> 10 네가 어찌하여 네 형제를 비판하느냐 어찌하여 네 형제를 업신여기느냐 우리가 다 하나님의 심판대 앞에 서리라 … 12 이러므로 우리 각 사람이 자기 일을 하나님께 직고하리라(롬 14:10, 12).

5) 영생을 얻는 방법: 가진 것을 나눔, 소유권을 이전

영생은 먼 훗날 도달해야 하는 장소가 아니라 내가 오늘 가진 것을 포기할 때 바로 얻게 될 것이다.

예수께서 길에 나가실새 한 사람이 달려와서 꿇어 앉아 묻자오되 선한 선생님이여 내가 무엇을 하여야 영생을 얻으리이까 21 … 가서 네게 있는 것을 다 팔아 가난한 자들에게 주라 그리하면 하늘에서 보화가 네게 있으리라 그리고 와서 나를 따르라 하시니(막 10:17, 21).

6) 이 땅에서 남은 삶의 시간을 세어보자

길지 않고 짧다. 그러나 영생은 영원하다.

7) 삶의 우선순위는 재물이 아니다

영생이 먼저이기 때문에 우리는 잘못 알고 있다. 재물을 얻으면 영생을 잃고, 재물을 버리면 영생을 얻는다. 재물의 소유보다 더 중요한 복이 있다.

32 적은 무리여 무서워 말라 너희 아버지께서 그 나라를 너희에게 주시기를 기뻐하시느니라 33 너희 소유를 팔아 구제하여 낡아지지 아니하는 배낭을 만들라 곧 하늘에 둔 바 다함이 없는 보물이니 거기는 도둑도 가까이 하는 일이 없고 좀도 먹는 일이 없느니라(눅 12:32-33).

8) 진짜 보물을 발견해야 한다

진짜 보물인 영생을 발견하지 못하는 사람은 가짜가 보물인 줄 알고 인생을 건다.

9) 올바른 축복관

기복주의, 물질 만능주의를 강조하지 않는다. 교육을 통한 가치관의 변화가 필요하다. 교회에서 올바른 재물관을 심어 주지 않으면 당연히 세속적인 재정관에 노출될 수밖에 없다.

하나님이 주시는 상

믿는 자들이 하는 일은 하나님의 상급과 관련이 있다.

보라 내가 속히 오리니 내가 줄 상이 내게 있어 각 사람에게 그가 행한 대로 갚아 주리라(계 22:12).

1) 칭찬 받음

그러므로 때가 이르기 전 곧 주께서 오시기까지 아무 것도 판단하지 말라 그가 어둠에 감추인 것들을 드러내고 마음의 뜻을 나타내시리니 그 때에 각 사람에게 하나님으로부터 칭찬이 있으리라(고전 4:5).

① 불쌍한 자를 대접한 행위

13 잔치를 베풀거든 차라리 가난한 자들과 몸 불편한 자들과 저는 자들과 맹인들을 청하라 14 그리하면 그들이 갚을 것이 없으므로 네게 복이 되리니 이는 의인들의 부활시에 네가 갚음을 받겠음이니라 하시더라(눅 14:13-14).

② 관대한 드림

예수께서 이르시대 네가 온전하고자 할진대 가서 네 소유를 팔아 가난한 자들을 주라 그리하면 하늘에서 보화가 네게 있으리라 그리고 와서 나를 따르라 하시니(마 19:21).

2) 상급

오직 너희는 원수를 사랑하고 선대하며 아무 것도 바라지 말고 꾸어 주라 그리하면 너희 상이 클 것이요 또 지극히 높으신 이의 아들이 되리니 그는 은혜를 모르는 자와 악한 자에게도 인자로우시니라(눅 6:35).

3) 면류관

① 생명의 면류관: 그리스도께 충성한자(약 1:12)

② 썩지 않을 면류관: 삶의 절제 훈련 승리자(고전 9:24-25).

③ 기쁨의 면류관: 전도, 제자화, 물질 도움을 준 자(살전 2:19).

④ 영광의 면류관: 영적 지도자(벧전 5:1-4).

⑤ 의의 면류관: 자신을 정결하게 하고 그리스도의 다시 오심을 준비한 사람 (딤후 4:6-8).

정신분석학자 프로이트는 인간이 돈에 집착하는 이유는, 죽음에 대한 원초적인 공포와 불안에서 벗어나기 위한 가장 현실적 대안이기 때문이라고 설명한다.

그러나 기독교인들은 영생을 소유한 사람들이다. 오늘 정말 중요한 것이 무엇인지 깨달아 하나님의 영광에 참여하는 하루하루의 삶을 살아야 할 것이다.

나눔 자료

1. 돈은 나에게 ________________다. 처음 이 강의를 시작할 때의 생각과 어떻게 바뀌게 되었습니까?

2. 당신이 생각하는 영생은 무엇입니까? 재물과 영생과는 어떤 관계가 있을까요? 디모데전서 6장 6~8절을 읽으시오

3. 자족에 대해 어떻게 말씀하고 있습니까?

4. 자족하지 못하도록 방해, 유혹하는 세상의 가치나 방식은 무엇입니까? 시편 90편 10, 12절을 읽으세요

5. 당신이 이 세상에서 살아갈 날이 얼마나 남았다고 생각하세요? 이런 생각이 삶에 어떤 변화를 줄 수 있는지 서로 이야기를 나누어 보세요.

6. 이 세상에서 남은 시간 동안 재물과 관련된 어떤 일을 하고 싶으세요.

7. 성경에 나와 있는 면류관 중에서 당신은 어떤 면류관을 받을 수 있다고 생각하십니까?

8. 전도서 12장 13-14절을 읽고 앞으로 우리에게 일어날 일들에 대해 서로 이야기를 나누어 보세요.

실천 과제 적용하기

재정 서약서 작성

참고자료

❖ 마셜 살린스의 풍요에 이르는 방법

욕구를 최소화해서 적은 물질로 만족

❖ 영생은 곧 유일하신 참 하나님과 그가 보내신 자 예수 그리스도를 아는 것이니이다(요 17:3).

❖ 행복 = 소유 / 욕망

❖ 물신주의 (Fetisism)

막스가 주장한 것으로 인간이 돈을 숭배하고 돈이 인간을 지배하는 현상을 말한다.

SLOVENSKO

제12강

결론을 대신하여

24 그러므로 누구든지 나의 이 말을 듣고 행하는 자는
그 집을 반석 위에 지은 지혜로운 사람 같으리니
25 비가 내리고 창수가 나고 바람이 불어
그 집에 부딪치되 무너지지 아니하나니
이는 주추를 반석 위에 놓은 까닭이요
26 나의 이 말을 듣고 행하지 아니하는 자는
그 집을 모래 위에 지은 어리석은 사람 같으리니
27 비가 내리고 창수가 나고 바람이 불어
그 집에 부딪치매 무너져 그 무너짐이 심하니라
(마 7:24-27)

01

덧붙이는 재정 이야기

하나님은 재물의 원천이시다. 하나님은 자원과 자연법칙을 창조하셨으며 먹고 입고 마시는 것의 필요함을 아시고 공급하시며 모든 상황을 통제하고 계신다.

이 사실을 인정할 때 우리는 올바른 재정 생활을 할 수 있다.

1) 하나님께서 청지기 임무를 맡기는 사람은 마음이 깨끗하고 정직한 사람이다.
   이런 사람들은 하나님의 말씀에 순종하고 그 말씀대로 삶을 살기 때문에 맘몬이 결코 건드리지 못한다. 온 세상의 재물이 이런 사람에게 온다 한들 그를 부패시키지 못한다(시편 112편; 잠 12:11, 13, 21).

2) 드림과 나눔
   움켜잡고 있는 사람은 복의 통로가 되지 못한다. 샘물은 퍼 줄수록 더욱 맑은 샘물이 솟아난다.

3) 하늘의 지혜를 구해야만 재정의 자유자가 될 수 있다. 성경에는 재정에 관해 우리가 알아야 할 모든 것이 담겨 있다.

4) 우리가 만약 일을 하지 않고도 부자가 되는 것이 가능하다고 가르친다면 이는 스스로를 속이는 것이다. 진정한 부를 얻고 싶다면 부지런히 땀 흘려 일할 때 가능하다. 하나님은 열심히 일하지 않는 사람에게 복을 주시지 않으신다. 나의 자명종 시계는 몇 시에 맞추어져 있는가?

5) 우리가 매일의 일상에서 불필요한 물건을 사지 않기만 해도 위해 하루에 5,000원 이상을 저축할 수 있다(커피, 간식, 껌 등).

6) 돈 빌려주는 것을 조심하라. 당신은 은행이 아니다.

7) 당신의 열정, 사랑 그리고 정말로 당신을 흥분시키는 일은 무엇인가? 그것이 하나님이 주신 천부적인 재능일 수 있다. 재능을 찾아 최고의 전문가가 되라.

8) 지금까지 배운 것을 즉시 실행하자. 지식은 그것이 행동으로 나타나기 전에는 아무것도 아니다.

9) 배운 것을 가지고 정기적으로 셀에서 토론하자.

10) 두뇌는 우리가 생각하는 것보다 훨씬 더 강력한 힘을 가지 있다. 우리 뇌 중에서 미자원 개발을 캐내야 한다.

11) 새로운 결과를 보기 원한다면 새로운 일을 시작해야 한다.

12) 성공은 준비와 기회의 결합이다. 준비하면 누구에게나 하나님이 기회를 주신다(예수님도 공생애 3년을 위해서 30년을 준비하셨다).

13) 꿈과 비전이 있어야 한다. 꿈은 과거의 실패를 잊게 하고 삶을 낭비하지 않도록 붙들어 준다(작은 계획을 이루어 가면 행복해진다).

14) 우리는 세상의 시스템을 바꿀 수는 없지만 우리 자신을 바꿀 수는 있다.

15) 우리의 뇌세포 속에 즐거움이 소비가 아니라 하나님이 되게 하라. 그분께 기도할 때 그분의 말씀을 읽고 들을 때 기쁨이 되게 하자.

16) 다른 사람과 비교하지 말자

17) 성공한 사람은 10번 결심하면 8번을 행동하지만, 실패하는 사람은 10번 결심하면 1번만 행동한다.

18) 돈에 대한 무지(금융 문맹)는 자신을 죽이는 칼이기 때문에 우리가 극복해야 할 가장 큰 도전이다.

19) 돈은 착한 종이 될 수 있고, 악한 주인이 될 수도 있다.

20) 하나님은 신자든 불신자든 관계없이 부지런하고 열심히 일하는 사람을 부자로 만드신다.

맺음말

25 그러므로 내가 너희에게 이르노니 목숨을 위하여 무엇을 먹을까 무엇을 마실까
몸을 위하여 무엇을 입을까 염려하지 말라 목숨이 음식보다 중하지 아니하며 몸이
의복보다 중하지 아니하냐 26 공중의 새를 보라 심지도 않고 거두지도 않고 창고에
모아 들이지도 아니하되 너희 천부께서 기르시나니 너희는 이것들보다 귀하지 아니
하냐 27 너희 중에 누가 염려함으로 그 키를 한 자나 더할 수 있느냐 28 또 너희가
어찌 의복을 위하여 염려하느냐 들의 백합화가 어떻게 자라는가 생각하여 보라 수
고도 아니하고 길쌈도 아니하느니라 29 그러나 내가 너희에게 말하노니 솔로몬의
모든 영광으로도 입은 것이 이 꽃 하나만 같지 못하였느니라 30 오늘 있다가 내일
아궁이에 던지우는 들풀도 하나님이 이렇게 입히시거든 하물며 너희일까보냐 믿음
이 적은 자들아 31 그러므로 염려하여 이르기를 무엇을 먹을까 무엇을 마실까 무엇
을 입을까 하지 말라 32 이는 다 이방인들이 구하는 것이라 너희 천부께서 이 모든
것이 너희에게 있어야 할 줄을 아시느니라 33 그런즉 너희는 먼저 그의 나라와 그의
의를 구하라 그리하면 이 모든 것을 너희에게 더하시리라

34 그러므로 내일 일을 위하여 염려하지 말라 내일 일은 내일 염려할 것이요 한 날
괴로움은 그 날에 족하니라(마 6:25~34).

우리 모두는 주님의 제자들이자 또한 리더들입니다. 좋은 리더들이 절실히 필요한 시대에 우리는 살고 있습니다.

룻기 1장을 보면 리더가 얼마나 중요한지 알 수 있습니다. 살기가 좀 어렵다고 베들레헴(하나님)을 떠나 모압(세상)으로 간 리더의 잘못된 선택으로 그 자신인 엘리멜렉과 두 아들인 말론, 기론도 모두 죽었습니다. 그리고 부인인 나오미와 며느리인 오르바, 룻은 미망인이 되지요.

리더가 나오미로 바뀌자 그는 돌아갈 곳을 알았습니다. 바로 베들레헴, 그곳으로 가면 살 길이 열린다는 것을 알았습니다. 우리는 룻기가 보여주는 이 사실을 명심해야 합니다. 리더의 선택과 결정은 자기가 속한 공동체를 살리기도 하고 죽이기도 합니다. 우리는 리더로서 재정에 관해 올바른 선택을 하고 있습니까? 그리고 우리가 가는 방향은 어디를 향하고 있습니까? 스스로에게 질문하고 대답해 보아야 합니다.

성경은 내 백성이 지식이 없어서 망하는도다(호 4:6)라고 무지를 한탄하고 있습니다. 하나님의 법궤를 옮기는 장면이 사무엘상에 나옵니다. 그런데 법궤를 옮기던 웃사는 그 자리에서 죽습니다. 하나님의 법궤는 어깨에 메고 가는 것입니까? 아니면 수레에 끌고 가는 것입니까? 법궤는 레위 자손 중에서 고핫 자손이 어깨에 메고 가는 것이지요. 무지하면 그것으로 끝나는 것이 아니라 죽을 수도 있고 상황은 더욱 어려워 집니다.

재정도 마찬가지입니다. 알지 못하면 파산하여 빚을 지게 되고, 그로 인해서 많은 사람들이 재물의 노예가 되어 이 땅을 힘들게 살아갑니다.

우리는 평생을 공부해야 하고 배워야 합니다. 그리고 이 지식을 나누어 주어야 합니다. 《성경에서 배우는 재정》은 여기에서 끝나지만 이것은 시작이라고 생각합니다. 끊임없이 훈련하고 실천해야 합니다. 좋은 습관은 훈련으로 가능하고, 훈련만이 내 것이 되는 것입니다. 그때 우리는 이 재정을 다른 사람들에게 전파하고 가르쳐야 합니다. 이 세상 모든 사람들이 재정의 자유자가 될 때까지 말입니다.

이 책을 쓰고 준비하면서 번영의 신학과 세상적인 재무관리 방법들에 대한 유혹이 있었지만, 그러나 그것은 진리가 아니기에 많은 부분을 배제했습니다. 성경만이 진리입니다. 세상은 돈이 많아야 행복하고 돈이 최고라고 이야기하지만, 성경은 세상의 법칙과 정반대로 이야기합니다. 받는 자보다 주는 자가 복이 있다. 돈을 섬기지 말고 하나님을 섬기라고 이야기하고 있습니다. 그러나 재물의 유혹에 빠진 세상은 언제나 도전할 것입니다. 우리는 평생을 GOLD에서 L자를 빼고 GOD, 주님만 섬기는 청지기임을 잊지 말아야 합니다.

"죽음도 생명도 어느 것 하나도 내 것이 아닙니다. 죽음과 생명은 나의 신실한 구원자 예수 그리스도에게 속해 있습니다. 이것이 내가 세상을 견디어 낼 수 있는 가장 강력한 위로입니다"(하이델베르크 신앙고백서 제1조항).

지은이 I 이 창 규

부록

나의 재정적 비전 목표 정하기

내 재정적 삶의 비전	내 재정적 삶의 목표
내가 재정적으로 이루고 싶은 비전은 무엇인가?	재정적 비전을 발견 했다면 비전을 이루기 위한 행동 방식을 결정해 보자.
	드림 목표
	나눔 목표
	부채청산 목표
	저축, 투자목표
	일. 사업 목표
	기타

자산 부채 내역서

(단위 : 원)

자산	계정과목	금액	부채	계정과목	금액
저축	계		단기대출	계	
	현금			한도대출	
	보통예금			신용카드	
	정기예금			카드론	
	정기적금			개인사채	
				단기차입	
채권 등	계		장기대출	계	
	펀드			주택구입대출	
	채권			자동차구입대출	
	주식			학자금	
	MMF				
부동산	계		사업대출	계	
	주택			부동산대출	
	토지			신용대출	
	상가등			보증금대출	
	전답				
	기타				
기타	계		기타대출	계	
	자동차				
	회원권				
	보험				
	보증금				
	귀금속				
	은퇴자산				
자산합계			부채합계		

수입 지출 명세서

(단위: 원, %)

	항목	비율	매 월 수입액
수입	급여소득		
	사업소득		
	임대소득		
	금융소득		
	기타소득		
	합계	100	

	항목	비율	매 월 지출액
지출	십일조		
	건축헌금		
	기타헌금		
	저축		
	투자		
	주거비		
	공과금		
	식대		
	자녀양육비		
	차량유지비		
	학원비		
	학자금		
	보험료		
	지급이자		
	의류비		
	통신비		
	의료비		
	교통비		
	용돈(부모, 자녀)		
	경조사비		
	기타1		
	기타2		
	합계	100	

부채명세표

(단위: 원, %)

차입금	차입처	이율	차입기간	전월 잔액	월 상환액	상환 후 잔액

부채상환 계획표

(단위: 원, %)

상환 순위	대출 금액	차입처	이율	월 상환액	상환 시작일	상환 완료일

가계부(1)

(단위: 원)

합계		1	2	3	4	5	6	7	8	9	10	11	12	13	14	15	계
수입	급여																
	사업																
	기타																
	계																
헌금	십일조 헌금																
가처분 소득	가처분 소득																
지출	저축/ 투자																
	주거비																
	공과금																
	식비																
	교통비																
	양육비																
	교육																
	보험료																
	이자																
	통신비																
	의료비																
	용돈																
	의류비																
	경조사																
	기타																
계																	
자금과부족																	

가계부(2)

(단위: 원)

합계		16	17	18	19	20	21	22	23	24	25	26	27	28	29	30	31	계
수입	급여																	
	사업																	
	기타																	
	계																	
헌금	십일조 헌금																	
가처분 소득	가처분 소득																	
지출	저축/투자																	
	주거비																	
	공과금																	
	식비																	
	교통비																	
	양육비																	
	교육																	
	보험료																	
	이자																	
	통신비																	
	의료비																	
	용돈																	
	의류비																	
	경조사																	
	기타																	
계																		
자금과부족																		

예산 및 실적 분석표

(단위: 원)

항목		월			월			월		
		예산	실적	차이	예산	실적	차이	예산	실적	차이
수입	급여									
	사업									
	기타									
	계									
헌금	십일조 헌금									
지출	저축/투자									
	주거비									
	공과금									
	식비									
	교통비									
	양육비									
	교육									
	보험료									
	이자									
	통신비									
	의료비									
	경조사									
	기타									
계										
자금과부족										

상속재산 목록

구분	자산내용	금액	소재지

증여재산 목록

구분	자산내용	금액	소재지

■ 호스피스 · 완화의료 및 임종과정에 있는 환자의 연명의료결정에 관한 법률 시행규칙 [별지 제6호서식]

사전연명의료의향서

※ 색상이 어두운 부분은 작성하지 않으며, [ ]에는 해당되는 곳에 √표시를 합니다.

<table>
<tr><td>등록번호</td><td></td><td colspan="2">※ 등록번호는 등록기관에서 부여합니다.</td></tr>
<tr><td rowspan="3">작성자</td><td colspan="2">성 명</td><td>주민등록번호</td></tr>
<tr><td colspan="3">주 소</td></tr>
<tr><td colspan="3">전화번호</td></tr>
<tr><td rowspan="2">연명의료 중단등결정 (항목별로 선택합니다)</td><td colspan="2">[ ] 심폐소생술</td><td>[ ] 인공호흡기 착용</td></tr>
<tr><td colspan="2">[ ] 혈액투석</td><td>[ ] 항암제 투여</td></tr>
<tr><td>호스피스의 이용 계획</td><td colspan="2">[ ] 이용 의향이 있음</td><td>[ ] 이용 의향이 없음</td></tr>
<tr><td rowspan="2">사전연명의료 의향서 등록기관의 설명사항 확인</td><td>설명 사항</td><td colspan="2">[ ] 연명의료의 시행방법 및 연명의료중단등결정에 대한 사항
[ ] 호스피스의 선택 및 이용에 관한 사항
[ ] 사전연명의료의향서의 효력 및 효력 상실에 관한 사항
[ ] 사전연명의료의향서의 작성 · 등록 · 보관 및 통보에 관한 사항
[ ] 사전연명의료의향서의 변경 · 철회 및 그에 따른 조치에 관한 사항
[ ] 등록기관의 폐업 · 휴업 및 지정 취소에 따른 기록의 이관에 관한 사항</td></tr>
<tr><td>확인</td><td colspan="2">년 월 일 성명 (서명 또는 인)</td></tr>
<tr><td>환자 사망 전 열람허용 여부</td><td colspan="3">[ ] 열람 가능 [ ] 열람 거부 [ ] 그 밖의 의견</td></tr>
<tr><td>사전연명의료 의향서 보관방법</td><td colspan="3"></td></tr>
<tr><td rowspan="2">사전연명의료 의향서 등록기관 및 상담자</td><td colspan="2">기관 명칭</td><td>소재지</td></tr>
<tr><td colspan="2">상담자 성명</td><td>전화번호</td></tr>
</table>

본인은 「호스피스 · 완화의료 및 임종과정에 있는 환자의 연명의료결정에 관한 법률」 제12조 및 같은 법 시행규칙 제8조에 따라 위와 같은 내용을 직접 작성하였습니다.

작성일 년 월 일

작성자 (서명 또는 인)

등록일 년 월 일

등록자 (서명 또는 인)

210㎜×297㎜[백상지(80g/㎡) 또는 중질지(80g/㎡)]

소유권 양도 각서

본인 (　　　　)는 만물의 주권자는 하나님임을 믿기에 나를 포함한 가족과 내가 가진 모든 것들과 삶의 전 영역의 소유권을 　　년 　월 　일부로 하나님께 양도합니다. 이로 인해 본인은 소유권에 대한 권리를 행할 수 없으며, 모든 소유물을 하나님이 원하시는 대로 사용할 것을 다짐하며 나는 단지 하나님의 것을 위탁받은 청지기로 살아가겠습니다. 세상의 재물은 하나님나라의 확장과 나눔과 섬김을 실천하는 데 사용하여 하늘에 보화를 쌓아가는 삶을 살아가겠습니다. 모든 권리는 하나님께 양도되었음을 서약하며 각서를 제출하는 바입니다.

서명 :

증인 :

증인 :

증인 :

재정서약서

나는 전능하신 주 하나님께 복종합니다. 나와 내 삶의 모든 영역에서 하나님의 소유권을 인정합니다. 내가 가진 모든 재물과 소유의 실제 주인은 하나님의 것임을 선언합니다. 나는 주님이 맡기신 재산을 관리하는 청지기임을 깨닫습니다.

하나님에 대한 순종과 헌신의 표시로 십일조를 구분하여 드리고 그리스도인으로서 나눔과 섬김 드림의 모범이 되겠습니다.

재정적인 속박에 빠지지 않음으로 온전히 하나님을 섬길 수 있도록 나 자신을 드립니다. 내가 이 땅을 떠날 때 세상적인 것을 가지고 갈 수 없음을 알고 있습니다. 그것을 이 땅에 쌓는 대신 하나님의 영광을 위해 하늘에 쌓도록 하겠습니다.

하늘나라가 나의 고향이며 그리스도가 나의 주인임을 깨닫고 하나님의 인도하심을 구하고 하나님의 재산으로 하나님이 지시하는 일에 헌신할 것을 다짐합니다.

년 월 일

서약자 인

참고문헌

권순현(2013). “성경의 관점에서 본 재물에 대한 주권과 청지기적 연구.” 대신대학교 신학대학원.

금융감독원(2013). 《생애주기별 금융생활 가이드 북: 신혼기 및 자녀 출산기 편》.

금융감독원(2015). 《생애주기별 금융생활 가이드 북: 은퇴기 편》.

금융감독원(2015). 《생애주기별 금융생활 가이드 북: 자녀학령기 편》.

김대성(2010). “칼빈의 소명론을 통해서 본 그리스도인의 직업 선택을 위한 윤리적 접근.” 장로회신학대학교대학원.

김동춘(2018). 《기윤실청년운동본부이슈포럼, 노동신학과 노동윤리.》 (사) 기독교윤리실천운동.

김동호(2001). 《깨끗한 부자》. 규장.

김미진(2014). 《왕의 재정학교》. MCMN, 규장.

김미진(2014). 《왕의 재정학교 워크북》. MCMN, 규장.

김성만(2017). “제물에 대한 역사 신학적 연구,” 호서대학교 대학원.

김성민, 길재욱, 김헌수(2005). 《생활재무관리》. 경문사.

김상우(2016). “공기업의 퇴직연금제도 운영방안 개선에 관한 연구: K-water 사례를 중심으로.” 고려대학교 행정대학원 석사논문.

김신호, 정병일(2012). 《EPS 청지기 재정교실》. 도서출판 토기장이.

김영현(2010). “복음적 가난을 통해 바라본 사제영성에 대한 고찰.》 대전 가톨릭대학교 대학원.

김은승(2002). “팔복 선언에 나타난 예수의 복 개념 연구.” 한신신학대학원.

김종구 (2015). “은퇴목회자의 소득보장 방안으로서 연금제도 연구-대한예수교장로회(합동)의 연금제도를 중심으로.” 서울기독대학교대학원.

김진만(2009). 《하나님의 단골은행》. 베드로서원.

김재찬(2003). "소비윤리에 관한 기독교적 고찰." 영남신학대학교 신학대학원.
김충련(2007). "구약의 경제관에서 보는 성경적 재정교실의 평가." 백석대학교기독신학대학원.
김충련(2009). 《미국의 주요 재정 사역기관의 성경적 재정 관리 원리 비교》. 한국로고스경영학회, 7(1).
김태형(2015). 《지금 당장 재무설계 공부하라》. 한빛비즈.
강성준(2009). 《금융상품 투자에 대한 성경적 이해》. 로고스경영연구, 7(2), 119-136.
강준민(2013). 《재정과 영적성숙》. 두란노.
권명중(2009). 《경제학 성경에 길을 묻다》. ㈜북이십일 21세기북스.
게일버즈-옥스레이드 지음. 이진원 옮김(2012). 《머니룰스》. 아우름.
개리벨스크, 토머스길로비치 지음. 노지연 옮김(2006). 《돈의 심리학》. 한스미디어.
케네스해긴 저, 김진호 옮김(2012). 《믿음의 계단》. 믿음의 말씀사.
데이비드크루거, 존데이비드만 지음. 한수영 옮김(2009), 《돈이란 무엇인가》. 시아.
래리버켓, 김주성 옮김(2002). 《빚지지 않고 사는 삶》. 베다니출판사.
래리버켓 지음, 이승재, 황원남 옮김(2008). 《크리스천 부부를 위한 재테크법》. 은혜출판사.
랜디알콘 저, 김신호 역(2006). 《돈 소유 그리고 영원》. 예영커뮤니케이션.
론부루, 제레미 화이트 지음, 김신호 옮김(2009). 《청지기 재테크》. 예영커뮤니케이션.
루신화 저, 이유진 역(2013). 《부의 본심》. 중앙M&B.
리처드 포스터 저, 김영호 역(2011). 《돈, 섹스, 권력.》 두란노.
미래에셋은퇴연구소(2019). 《2019미래에셋은퇴 라이프트렌보고서, 5060일자리 노마드족이 몰려 온다》.
민걸(2013). 《목사님 돈에 대해 질문있어요》. 두란노.
박수철(2001). 《돈과 신앙》. 예찬사.

박욱주(2019). “영화 <돈>: 증권투자 기독교적 관점에서 건강한가?.” 크리스천투데이, 2019. 3. 31.

박정윤 (2007). 《행복한 부자》. 영남대학교 출판부.

박정윤(2017). “성경적 세계관에서 살펴본 부와 행복의 관계”. 《행복한 부자연구, 6(2), 17-27.

박정윤 (2011). “성경적 투자원리와 교회의 적용.” 《한국로고스경영학회》, 10(1).

박정윤(2003). “성숙한 그리스도인의 가계 재무관리.” 《한국로고스경영학회》, 1(2).

박정윤(2006). “잠언의 가계 재무관리 목표와 원리.” 한국로고스경영학회 학술발표대회 논문집 170-180, 한국로고스경영학회.

빌가드너(2012). 《재정 압박을 풀어내는 열 단계 행동지침. 아이비엘코리아.

벤 워더링턴 3세 저, 김미연 역(2010). 《예수님의 경제학 강의》. (주) 넥서스.

선데이 아델라자 지음, 현자 옮김(2012). 《돈 벌 이유 돈 쓸 이유. 국제제자훈련원.

소기천(2003). “제자도와 재물에 관한 가르침, 마가복음 전체에 대한 읽기: 마가복음 10장 17-31절,” 한국성서연구원.

손영경(2013). “성경적 경제 원리를 적용한 중학교 경제 교육과정 분석.” 한동대학교 교육대학원

송재경(2017). “노년기 대비 재무적 준비에 관한 유형별 비교분석 연구.” 백석대학교 기독교전문대학원.

송창국(2009). “목회자의 경제적 노후 준비 결정용인 연구: 교단 은급제도 국민연금과 사적 준비를 중심으로.” 평택대학교 박사학위논문.

신상래(2004). 《크리스천 돈 관리 무엇이든 물어보세요》. 예영커뮤니케이션.

신상래(2010). 《하나님의 경제학 1》. 평단문화사.

신상래(2010). 《하나님의 경제학 2》. 평단문화사.

아이비엘코리아편집부(2013). 《재정적 자유》. 아이비엘코리아.

에릭 로너건 저, 서동춘 역(2013). 《돈이란 무엇인가》. 파이카.

웨슬리 윌머& 마틴 스미스, 정성묵 옮김(2003). 《하나님과 재물》. SFC출판부.

오태용(2004). 노년기 삶활성을 위한 교회의 노인사역 연구. 웨스트민스터신학대학원대학교.

유학주(2005). "그리스도인의 재물(돈)에 대한 이해." 목원대학교 신학대학원.

윤혜영(2008). "우리나라의 주거 소비문화(아파트)에 대한 신학적 기독교윤리학적 고찰." 장로회신학대학교 대학원.

이성준(2008). 《하나님 안에서 부자 되기》. 요단.

우리투자증권(2013). 《행복한 100세 시대를 위한 서드 에이지 생활 설계하기》. 우리투자증권 100세시대연구소

이윤재(2007). 《성경 속의 경제학》. 숭실대학교출판부.

이원우(2009). "물질 소유와 사용에 대한 요한 칼빈의 견해." 대신대학교 신학대학원.

이중수(2009). 《하나님의 돈》. 목회자료사.

이지은(2012). "기독청년과 비 기독청년의돈에 대한 가치관과 재정 관리에 관한 비교 연구." 고신대학교 기독교상담대학원.

이채윤(2012). 《록펠러 십일조의 비밀을 안 최고의 부자》. 북오션.

이홍구(2011). 《하나님의 경제학》. 두란노.

이희숙(2017). 신용회복위원회. 신용상담을 위한 재무관리.

임태순(2013). 행복한 노후를 위한 재무 설계에 관한 연구. 로고스경영연구》 제11권 제4호, 113-123 한국로고스경영학회.

임태순(2018). "주식투자와 주식격언에 대한 성경적 이해." 《로고스경영연구》, 16(2), 79-94.

임태순(2017). 성경적 관점에서 고찰한 노후생애 설계에 관한 연구. 로고스경영연구, 15(1), 81-96. 5권 제2호, 한국로고스경영학회.
양혜원(2012). 개인형 퇴직연금의 발전 방안에 관한 연구. 성균관대학교대학원.
앤드 뉴어맥, 반재경 옮김(2015). 《재정의 청지기 직분》. 믿음의말씀사.
앤드 스탠리지음, 정성묵 옮김(2015). 《부자로 살기보다 부유하게 살라》. 디모데.
웨슬리 윌머, 마틴 스미스, 정성묵 옮김. 《하나님과 재물》. SFC국로고스경영학회, 8(1).
월간조선(2019). 노후생활 완전 정복. 《월간 조선》 6월호 별책 부록.
임석민(2016). 돈과 삶. 펭귄.
조너선 윌슨 하트그로브 지음(2012). 《하나님은 복으로 장사하지 않는다》. 홍성사.
조선희(2015). "십일조의 성경적 의미에 관한 연구." 김천대학교 상담. 신학대학원.
조용기(2007). 《크리스천 재정학교》. 교회성장연구소.
전성수, 양동일(2012). 《유대인 하브루타 경제교육》. 매일경제신문사
조너선 윌슨 하트그로브 지음. 최요한 옮김(2012). 《하나님은 복으로 장사하지 않는다》. 홍성사.
조승규(2012). "마태복음 6:24, '재물'인가 '재물신'인가?." 《성경대로 믿는사람들》. 2012(10), 49-51.
조성표(2003). 《성경의 재물관. 로고스경영연구》, 1(1), 41-54.
조용기(2007). 《크리스천재정학교》. 교회성장연구소.
존 암스토롱 지음, 정미우 옮김(2013). 《인생학교》. 돈. 샘 파커스.
잭 하트만 지음, 오태용 옮김(2010). 《물질형통》. 베다니출판사.
최현식(2015). 《돈의 속삭임 네가 곧 신이다》. (주) 지식노마드.
척 벤틀리지음, 박갑윤 옮김(2014). 《부의 뿌리》. 생명의말씀사.
척 벤틀리지금, 장택수 옮김(2014). 《성경에 기록된 최악의 재정 실수 어떻게 하면 피할 수 있을까?》 (주) 크라운코리아출판사.

크라운 파이낸셜미니스토리(2013). 《크라운성경적재정교육》. (주) 크라운 재정사역 코리아.

크래그 힐, 얼 공저, 허령 옮김(2013). 《그리스도인의 재정 원칙》. 예수전도단.

토미 로빈슨, 조성숙 옮김(2015). 《Money》. (주) 알에이치코리아.

프리셉트성경연구원(2011). 《하나님 마음에 합한 재정》. 프리셉트선교회.

폴 스티븐스 지음, 주성현 옮김(2014). 《일의 신학》. 도서출판 CUP.

한국주택금융공사(2018). 은퇴금융아카데미. 한국주택금융공사.

한국크라운재정사역(2016). 제22기 소그룹 인도자 양성과정.

한동철(2011). 《부자도 모르는 부자학 개론》. 씨앗을 뿌리는 사람.

한상운(2017). "국민연금의 균등부분(A값) 급여 개선방안에 관한 연구, -소득대체율 변화를 중심으로-." 웨스트민스터신학대학원대학교 박사학위논문

허용(2011). 그리스도인의 재정 관리와 교육. 고신대학교대학원 기독교교육학과.

홍경식(2019). 《행복한 미래를 위한 은퇴수첩》. 한국퇴직연금 개발원.

홍정림(2014). "돈에 대한 태도가 저축과 소비에 미치는 효과." 가톨릭대학교상담심리대학원.

황호찬(1996). 《돈 그 끝없는 유혹》. IVP.

www. lastm. net

www.hf.go.kr

지은이

이창규

대학에서 회계학을 전공했고 동양대학교에서 연금의 지속가능성에 대한 연구로 박사과정 중에 있으며 한화그룹 재무부서에서 근무하였다. 현재 총회연금재단 사무국장으로 강의와 기업 자문 연구 활동을 병행하고 있고, 대한예수교장로회 송내교회 장로로 섬기고 있으며, 논문으로는 "성경에 나타난 식재료에 대한 약선학적 고찰"이 있다.

성경에서 배우는 재정

지은이 이창규
펴낸이 정덕주
발행일 2021. 08. 15
펴낸곳 한들출판사
서울시 종로구 대학로 19(기독교회관 1012호)
등록 제2-1470호. 1992년

홈페이지 www.handl.co.kr
전자우편 handl2006@hanmail.net
전화 편집부 02-741-4069
영업부 02-741-4070